Le Baron RAVERAT

NOTRE VIEUX LYON

PROMENADES HISTORIQUES & ARTISTIQUES

DANS LES QUARTIERS

DE LA RIVE DROITE DE LA SAÔNE

LYON

CHEZ METON, LIBRAIRE

35, Rue de la République, 35

1881

NOTRE VIEUX LYON

PROMENADES HISTORIQUES & ARTISTIQUES

Dans les quartiers de la rive droite de la Saône

Le Baron RAVERAT

NOTRE VIEUX LYON.

PROMENADES HISTORIQUES & ARTISTIQUES

DANS LES QUARTIERS

DE LA RIVE DROITE DE LA SAÔNE

LYON
CHEZ METON, LIBRAIRE
35, Rue de la République, 35

1881

NOTRE VIEUX LYON

PROMENADES HISTORIQUES ET ARTISTIQUES

DANS LES QUARTIERS
DE LA RIVE DROITE DE LA SAÔNE

PRÉFACE

A première chose que doit faire un étranger qui désire connaître Lyon, est de se transporter sur la colline de Fourvière, et même de monter dans la lanterne supérieure du clocher de la sainte chapelle. Là, il aura atteint une altitude de 187 mètres au-dessus du niveau de la Saône, ou de 359 mètres de hauteur absolue. Le tableau d'ensemble qu'il découvrira de cet observatoire aérien lui permettra de mieux étudier les mille et mille détails qui constituent cette page grandiose.

Sans parler de la nouvelle voie ferrée, dite la *Ficelle* de Saint-Just, les chemins qui donnent accès sur le plateau sont nombreux; les uns ne peuvent être parcourus qu'à pied, les autres sont praticables en voiture.

Pour ce dernier mode de locomotion, et du centre de la ville, on prendra de préférence la montée du Chemin-Neuf, puis la place des Minimes, la rue de l'Antiquaille, et par la rue de Fourvière on arrivera sans fatigue à sa destination.

Quant à nous, nous prendrons une des côtes qui sillonnent en écharpe le flanc de la colline, soit la montée de Saint-Barthélemy et le passage Jaricot, soit l'escalier des Carmes-Déchaussés et le passage Gay, et atteindrons aussi le sommet de Fourvière.

***

Lyon est assurément une des villes les plus intéressantes à tous les points de vue : antiquité, histoire, commerce, industrie, sciences, beaux-arts, littérature, surtout position géographique.

Si Constantinople a son Bosphore et sa mer de

Marmara; Naples, son golfe et son Vésuve; Lyon est doté de deux fleuves et de merveilleux horizons, difficiles à rencontrer ailleurs.

Lyon n'a donc rien à envier à ses rivales étrangères, non plus qu'à ces autres lieux si vantés par la mode ou par l'engouement. Chacune d'elles, il est vrai, a son genre de beauté; mais notre ville réunit les charmes les plus variés, les contrastes les plus heureux, tous éléments qui concourent à l'harmonie d'un tableau peut-être unique au monde.

Au milieu de ce cadre immense, dans la ville de Lyon elle-même, s'élève la colline de Fourvière, dont la base est baignée par les eaux de la Saône. Sur le sommet, la piété de nos pères a érigé une modeste chapelle dont l'ancien petit clocher a fait place à une orgueilleuse pyramide couronnée d'une galerie aérienne, qui, pour l'observateur, est le point le plus favorable d'où, avons-nous dit, il pourra juger de l'ensemble et des beautés du panorama.

*
* *

De là, notre chère cité ressemble aux cases d'un vaste échiquier, avec ses rues, ses places, ses avenues, ses dômes et ses clochers, ses monuments, ses quais, ses ponts et les deux fleuves qui lui servent de ceinture.

C'est d'abord, du côté de l'orient, le versant de la colline peuplé d'établissements religieux et de jardins semblables à des cascades de verdure; c'est le vieux quartier Saint-Jean et sa noble cathédrale, limités entre la colline et la Saône; puis les quartiers du centre pressés entre cette rivière et le Rhône; ensuite, de l'autre côté du fleuve, les quartiers neufs des Brotteaux et de la Guillotière, qui gagnent tous les jours en étendue, et vont se confondre avec les habitations rurales et les champs cultivés, disséminés aux confins de la plaine, jusqu'aux Balmes-Viennoises.

Au nord, de nombreuses maisons escaladent le coteau de Saint-Sébastien pour aller rejoindre celles de la Croix-Rousse assises sur le plateau qui termine le triangle allongé de la Bresse et des Dombes.

Au midi, la colline de Sainte-Foy, toute constellée de villas de plaisance et de magnifiques ombrages, va finir doucement du côté d'Oullins, en formant une longue série de gracieuses ondulations.

A nos pieds, la Saône venant de baigner la base fleurie du Mont-d'Or, paraît et disparaît, cachée tantôt par les contre-forts et les contours des collines de Fourvière et de la Croix-Rousse, tantôt par la hauteur des édifices qui la bordent ; mais le Rhône présente, en approchant de Lyon, le plus beau spectacle que l'on puisse rêver.

Divisé en plusieurs branches qui circulent entre des îles verdoyantes et des grèves blanchâtres, il arrive de l'orient et vient se heurter aux collines de Neyron et de la Pape. Là, ses méandres réunis, il fait un brusque contour et se dirige au midi. Comme un triomphateur, il entre dans la ville, la baigne dans toute sa longueur, et, à l'extré--mité de la presqu'île Perrache il reçoit dans son lit et entraîne dans sa course fougueuse les eaux paisibles de la Saône, sa douce et belle fiancée...

*
* *

Si nous portons les yeux par delà la ville et ses deux fleuves, nous aurons les vastes plaines du Dauphiné, sillonnées de voies ferrées et de routes grisâtres, qui se perdent au loin ; des villages et des habitations de toutes sortes disséminées au milieu des champs dont la couleur indique les cultures diverses. Ici, d'humbles clochers ; là, sur des mamelons, de vieilles ruines féodales !....

A cinquante lieues de distance, nous avons pour fond de ce tableau le massif des Alpes de la Savoie, dont les sommets étagés les uns sur les autres et couverts de neiges éternelles se détachent sur la voûte azurée. Fond splendide relié aux montagnes du Bugey et à celles du Jura, aux Alpes helvétiques estompées dans un horizon vaporeux et aux Alpes dauphinoises qui fuient en passant par-dessus les monts de la Grande-Chartreuse, du Vercors, du Pelvoux, jusqu'au Viso, et vont se perdre dans des profondeurs sans limites; enfin, dominé au centre par le Mont-Blanc, cet orgueilleux suzerain des montagnes de notre vieille Europe, ce Titan qui semble vouloir escalader le ciel, tandis que les montagnes du second ordre l'entourent comme des courtisans se groupent autour d'un souverain !

Tout d'abord, l'œil est ébloui par l'immensité de cet ensemble ; puis graduellement il parvient à en démêler les détails. Des teintes brillantes indiquent les neiges et les glaciers ; des teintes foncées marquent la place des rochers et la direction des vallées. Panorama féerique dont l'aspect se transforme à toute heure du jour!... Admirez ces changements successifs produits par les jeux de la lumière solaire! Chaque plan se modifie; à un certain moment tout est illuminé!...

Mais lorsque l'astre du jour avance dans sa course, lorsque l'ombre commence à envahir la plaine, les croupes des montagnes disparaissent insensiblement; seuls, les sommets resplendissent comme des Vésuves; puis ils finissent par s'éteindre à leur tour, tandis que, longtemps après que le soleil a disparu de l'horizon, le Mont-Blanc conserve encore une aigrette lumineuse, laquelle arrive enfin à se perdre elle-même dans les ombres qui se partagent alors toute l'étendue du firmament.

Du côté du midi, l'horizon semble fermé par le massif du Pilat, qui lui-même n'est qu'un lien entre les montagnes volcaniques du Vivarais et les montagnes granitiques du Lyonnais; celles-ci se divisent en plusieurs rameaux : les rameaux de Riverie, d'Yzeron, de Saint-Bonnet-le-Froid et de Tarare, lesquels, formant un rideau du côté de l'ouest, vont au nord se fondre dans les plaines du Charollais et du Mâconnais, d'où ils se relèvent pour constituer le pâté montagneux du Morvan.

Les versants occidentaux de la chaîne du Lyonnais appartiennent au bassin de la Loire, les versants orientaux au bassin du Rhône.

Ces divers rameaux courent parallèlement à ce fleuve, de la vallée du Gier jusqu'à Lyon ; de là jusqu'aux limites du département, ils donnent naissance à un chaînon secondaire qui longe la Saône sous le nom de Côte-Beaujolaise.

Dans la même direction, et à une courte distance de Lyon, surgit le petit massif du Mont-d'Or, curieux par sa constitution géologique autant que par son isolement entre la rivière, la Côte-Beaujolaise et les dernières ondulations de la chaîne du Lyonnais. Il est d'origine calcaire.

Les contre-forts de ces rameaux, de ce chaînon et de ce petit massif viennent mourir sur les bords de nos deux fleuves, en décrivant un contour en forme d'arc dont ces cours d'eau représentent exactement la corde.

Au centre de cet hémicycle, à la jonction du Rhône et de la Saône, se trouve la colline de Fourvière, berceau de l'antique Lugdunum, qui devint bientôt la résidence des préfets de l'empire et la métropole des Gaules, au temps de la domination romaine en nos contrées.

Cette ville, les maîtres du monde l'avaient ornée de palais, de temples, d'académies, de cirques, de théâtres, de thermes et autres monuments somptueux; de grandes voies en partaient dans toutes les directions; des lignes d'aqueducs y amenaient de loin une eau fraîche et limpide prise aux sources des montagnes élevées. Descendue de la colline jusqu'au bord de la Saône, elle traversa la rivière, s'établit progressivement dans la presqu'île circonscrite entre les deux fleuves, et alla gravir les premières rampes de la colline de Saint-Sébastien.

Un coup d'œil rétrospectif sur l'aspect que présentaient ces localités avant l'apparition des Romains ne sera sans doute pas sans intérêt pour la plupart des lecteurs.

Là, au sommet de la colline de Fourvière, plusieurs siècles avant l'ère chrétienne, une de ces tribus demi-sauvages et vivant dispersées dans les sombres forêts de la vieille terre des Gaules, une tribu ségusiave vint fonder une bourgade à laquelle elle imposa le nom de Lugdun. Ce nom était justifié par la position de la colline qui dominait les vastes marécages formés par les eaux du Rhône et de la Saône, lesquelles divaguaient dans ce terrain d'alluvion, entre ces îles et îlots, avant d'aller se réunir dans le lit principal, à la pointe méridionale de cette espèce d'archipel.

Cet archipel, de plus d'une lieue et demie-de longueur, séparait le pays des Ségusiavès de celui des Allobroges et commençait au bas même de la colline de Saint-Sébastien. Il comprenait plusieurs îles disparues de nos jours par suite des atterrissements naturels et des remblais exécutés par les hommes.

Les quatre principales de ces îles sont représentées : l'une par le quartier actuel de Saint-Nizier; l'autre par l'espace compris entre Saint-Nizier et la place de Bellecour; la troisième par le vaste emplacement du quartier d'Ainay; la dernière enfin par la presqu'île Perrache. Elles étaient désertes, couvertes de joncs, de roseaux et de bois amis des terrains humectés.

Il y avait donc aux époques reculées plusieurs confluents supprimés les uns après les autres. Au commencement du xviie siècle et dans la dernière moitié du siècle passé, il en existait encore trois: l'un, situé au pied du coteau de Saint-Sébastien, qui portait le nom de fossé des Terreaux et qui avait déjà beaucoup perdu de son importance ; l'autre, sous les murs de l'abbaye d'Ainay ; enfin le dernier, à l'extrémité de la presqu'île.

Depuis lors, le premier confluent a été complètement remblayé sous Henri IV ; on y voit maintenant les places des Terreaux et de la Comédie, ainsi que les rues qui y aboutissent de l'un et de l'autre de nos fleuves. Le second, comblé sous le règne de Louis XVI, a donné naissance au cours Napoléon, aujourd'hui du Midi, et aux belles promenades qui l'accompagnent. Quant au troisième, le confluent de la Mulatière, il a été, de nos jours, repoussé de plusieurs centaines de mètres, grâce à une digue séparative, créée en vue de favoriser le prompt écoulement des eaux pendant les fortes crues des deux rivières.

C'est sur ces divers emplacements, sur les débris superposés de la bourgade gauloise, de la cité romaine et de la ville du moyen-âge, que s'élève actuellement la ville de Lyon.

*
* *

Jusqu'au milieu de notre siècle, Lyon avait conservé, ou à peu près, le caractère de la ville du moyen-âge. Mal bâti, mal pavé, mal percé, sombre, sordide, infect, resserré, humide, boueux, et ce, au point que tous les voyageurs qui y séjournaient en étaient péniblement affectés, Lyon possédait une triste réputation, et nul ne se faisait faute de décocher un trait ironique à son adresse. Sa malpropreté était devenue proverbiale en France et à l'étranger. Jugez-en par cette courte, mais caractéristique description qu'écrivait, en 1820, un illustre lyonnais, Jean-Jacques Ampère, dont l'opinion ne saurait être suspectée de partialité : « La ville de Lyon est une ville détestable, de grandes maisons à huit étages, des rues sales et noires de six pieds de large, y compris le ruisseau...

Déjà le premier des Napoléon avait commencé à la régénérer et à la relever de ses ruines amoncelées par la Révolution. Le règne de Louis-Philippe lui avait valu quelques améliorations; mais l'avénement de Napoléon III fut pour Lyon le signal d'une splendeur sans pareille dans les fastes de la cité.

De nouvelles rues ouvertes, les anciennes rajeunies, des places créées, laissent circuler abondamment dans tous les quartiers l'air et le soleil;

les affreux cailloux pointus sont remplacés par un pavé commode et régulier; de nouveaux ponts sont jetés sur les deux fleuves; le péage des anciens est racheté; des squares sont plantés de toutes parts, des monuments érigés. Le quartier des Brotteaux prend un accroissement considérable; un parc immense est conquis sur des terrains marécageux entrecoupés de lônes; des eaux potables sont amenées jusqu'aux derniers étages de nos habitations, jusque sur le sommet même de nos collines; elles remplacent les eaux rares, fétides et malsaines que l'on buvait jadis; des égouts souterrains reçoivent les eaux de pluie et les eaux ménagères, et les conduisent dans l'un ou l'autre fleuve; des avenues, des cours, des boulevards sillonnent la ville dans tous les sens; deux belles routes et deux chemins de fer funiculaires permettent d'arriver sans peine et sans effort sur les plateaux supérieurs de Fourvière et de la Croix-Rousse, habités par une population laborieuse sans cesse en rapports d'affaires avec le centre de la ville. Les anciennes murailles d'enceinte de Louis XII et de François Ier, et les casernes crénelées de Louis-Philippe élevées contre la Croix-Rousse ont été abattues et remplacées par un magnifique boulevard. Enfin, une quadruple ligne non interrompue de digues, de quais et de ports contiennent désormais nos fleuves dans leur lit et défendent la ville contre le retour d'inondations pareilles aux dernières, dont les désastres furent incalculables.

Pour comprendre l'importance de ce travail, il faut savoir que ces quatre lignes de quais offrent un dévelopement d'environ quarante kilomètres.

A aucune époque de sa longue existence, Lyon ne fut favorisé d'une plus heureuse métamorphose. Cette ville, naguère encore l'objet des critiques des étrangers, peut aujourd'hui marcher de pair avec les plus belles cités de l'Europe. Ajouterons-nous à tant d'améliorations matérielles ces asiles fondés pour l'enfance et la vieillesse, pour les malades et les convalescents, témoignage éloquent de la sollicitude du souverain en faveur des classes laborieuses.

.˙.

Telle est cette grande cité. Un bruit confus, semblable au bourdonnement d'une ruche d'abeilles, monte jusqu'à notre observatoire; c'est la respiration, c'est le mouvement d'une population de trois cent cinquante mille âmes. Là, tout s'agite, tout travaille ; chaque quartier a sa physionomie particulière.

Fourvière, Saint-Just et Saint-Irénée, l'antique Lugdunum respire le calme et la tranquillité. De tous côtés sont des établissements religieux, le Grand-Séminaire, des pensionnats, des communautés, asiles ouverts à la méditation, à la misère, à la souffrance.

Le quartier de Saint-Jean contient la métropole, le Palais archiépiscopal, le Palais de justice, les Cours et Tribunaux ; là aussi tout est calme et tranquille.

La Quarantaine est peuplée de teinturiers, de tisseurs, de tanneurs, de corroyeurs, etc., etc.

La presqu'île Perrache n'est qu'un vaste entrepôt de charbon ; sa partie supérieure est occupée par les bâtiments de la gare P.-L.-M., par l'usine à gaz, l'arsenal et la prison de Saint-Joseph.

Les Brotteaux, la Guillotière et la Mouche présentent de vastes usines et des fabriques de toute nature ; c'est le bruit, le feu, la fumée. On y voit enfin les beaux bâtiments de la nouvelle Faculté de médecine et l'hôpital où les malades sont traités par la méthode homœopathique. Au midi, existent la gare des marchandises et les ateliers du chemin de fer. Là aboutissent les grandes lignes qui se dirigent chacune dans une direction opposée. Au nord, c'est un quartier moderne, où se trouvent de belles maisons, des hôtels particuliers, le magnifique parc de la Tête-d'Or et le nouveau Musée-Guimet, très-bel édifice où sont ressemblés des trésors artistiques et scientifiques de toute nature amassés à grands frais dans les contrées de l'extrême Orient, et dont l'étude comparée servira, mieux que de gros livres, à nous faire connaître l'histoire générale et la vie intime de ces pays lointains.

La Croix-Rousse entend le bruit de plusieurs milliers de métiers, qui tissent la soie pour tous les goûts, pour toutes les consommations.

Vaise, par ses marchés aux bestiaux, par ses abattoirs, par ses moulins à blé, par ses fabriques de pâtes alimentaires, nourrit la ville; tandis que Serin, par ses entrepôts de vins, par ses brasseries de bière, sait l'abreuver à outrance.

Le quartier de Bellecour est aristocratique; c'est la résidence de la noblesse lyonnaise.

Enfin, dans les quartiers du centre, entre les

deux rivières, on voit les plus belles et les plus larges rues de la ville, les édifices consacrés aux administrations publiques, aux Postes, aux Télégraphes. Les établissements financiers, la Banque, la Trésorerie générale, la Bourse, les théâtres, l'Hôtel-de-Ville, le Lycée, les Facultés, les Musées et le haut commerce de la soierie, qui livre à toutes les parties du monde ces produits variés, ces étoffes merveilleuses, ces riches tissus qui font la fortune en même temps que la gloire de Lyon.

Lyon, dit un écrivain moderne, est un colosse. Ce colosse, dont la tête repose, à l'heure du sommeil, sur la colline de la Croix-Rousse, dont le corps s'allonge, entre les deux fleuves, jusqu'à la Mulatière, dont le bras droit s'appuie sur Fourvière, tandis que le bras gauche s'étend vers la plaine du Dauphiné!...

Voilà l'ensemble de cette immense cité. Nous aurions voulu en décrire l'histoire, les monuments, parler longuement de ses hommes illustres, de son commerce, de son industrie; mais la grandeur de la tâche nous a effrayé. Nous avons dû borner nos travaux à la description des lieux qui furent son berceau, à la colline de Fourvière et à l'espace resserré qui s'allonge entre son revers oriental et la rive droite de la Saône, espace que nos vieux lyonnais désignent encore sous le nom pittoresque de : *au-delà de l'Eau, de l'autre côté de l'Eau.*

Cela dit, entrons en matière.

Le baron RAVERAT,
Officier d'Académie,
Membre de plusieurs sociétés savantes.

CHAPITRE I

L'ANCIENNE CHAPELLE DE FOURVIÈRE

E plateau de la partie supérieure de Fourvière, le *Puy de Fourvière*, au moyen-âge, était jadis occupé par le Forum de Trajan, fondé en l'année 98 de notre ère.

Formé de magnifiques matériaux, ce palais était entouré de hauts portiques qui soutenaient des galeries revêtues de marbres précieux et ornées de statues et de bas-reliefs. Il servait à la fois de demeure aux préfets de l'empire et de prétoire où se rendait la justice. Là, se tenaient enfin les foires et les marchés; là, se rassemblaient les traficants accourus de tous les points de la Gaule.

Cet édifice s'écroula de lui-même en 840; ses débris roulèrent sur les flancs de la colline et jusque sur les bords de la Saône, où ils restèrent sans emploi pendant de longues années.

Sur l'emplacement même occupé par notre chapelle de Fourvière, existait, dit-on, un édifice religieux qui remontait à l'époque gallo-romaine. Il était consacré à la déesse Segesta, emblême de la fécondité et de l'abondance; cette divinité portait tous les attributs de Minerve, de Cérès et de Vénus.

En 814, peu d'années avant la chute du Forum, l'archevêque Leydrade aurait, selon quelques écrivains religieux, édifié à la place de l'édicule païen un petit oratoire en l'honneur de la vierge Marie; et la mère de Dieu y reçut des populations chrétiennes les plus touchants hommages.

Toutefois rien n'est moins prouvé que l'intervention de Leydrade dans l'édification de cette chapelle. L'archevêque, dans sa fameuse lettre à Charlemagne, ne parle nullement de Fourvière; mais il rend compte des autres églises qu'il a fait reconstruire ou simplement restaurer.

Certains archéologues lyonnais n'admettent pas que la dévotion à Marie ait eu lieu à Fourvière avant le milieu du xve siècle.

De vieilles traditions la font cependant remonter à saint Pothin venu dans notre ville, vers l'an 150, en apportant avec lui une vierge miraculeuse. (Le vitrail de la façade de l'église de Saint-Nizier rappelle cette pieuse croyance).

D'autres au contraire, veulent qu'un oratoire y fut

élevé antérieurement à l'année 1168, sous le nom de Notre-Dame de Bon Conseil. Reconstruit à cette dernière époque, on lui donna le titre de Notre-Dame de Fourvière. Le doyen du chapitre métropolitain de Lyon, Olivier de Chavannes, le fit agrandir et y érigea un autel en l'honneur de saint Thomas de Cantorbéry, qui avait séjourné quelques années à Lyon, où il avait trouvé un abri contre la vengeance de son souverain, le roi d'Angleterre. Dès lors l'oratoire, consacré par l'archevêque Jean de Bellesme, fut érigé en église paroissiale et collégiale.

Quoi qu'il en soit, le terrain qu'occupait cette chapelle appartenait au chapitre de Lyon ; mais quand celui-ci en fit don au clergé de la nouvelle église, il se réserva les beaux et nombreux matériaux de pierre et de marbre provenant de la ruine du Forum et qui encombraient encore à cette époque le sommet et les versants de la colline. Ces matériaux entrèrent dans les constructions de la cathédrale de Saint-Jean ; on peut les reconnaître dans les assises inférieures de l'édifice, comme nous le verrons plus tard.

La chapelle de Fourvière fut l'objet des libéralités des seigneurs de la province et des seigneurs étrangers ; les rois de France l'enrichirent à l'envi, entre autres, Louis VII qui lui donna un calice d'or, et Louis XI, qui, par une charte datée de *Lion sur le Rosne,* créa Notre-Dame de Fourvière châtelaine de plusieurs domaines en Lyonnais.

Un autel de la chapelle était orné d'une ancienne et

célèbre statue, représentant la Vierge-Noire. Or, Louis XI, ayant une dévotion toute spéciale à la Vierge-Noire, témoin ses pèlerinages à Notre-Dame du Puy et à Notre-Dame d'Embrun, cette raison semble justifier l'importance de sa donation au clergé de Fourvière. Les chanoines ne furent d'ailleurs point ingrats: une messe quotidienne, célébrée pendant des siècles pour ce souverain, fut une marque de leur reconnaissance.

Lors de l'occupation de Lyon par les calvinistes, la sainte chapelle ne pouvait échapper à la rage de ces sectaires; elle fut pillée, incendiée, ruinée en partie. Réédifiée en 1580, elle était simple, modeste : c'était une véritable église de village. Un petit clocher carré dépassait de quelques pieds seulement le niveau de la toiture.

Dans l'espoir de faire cesser la peste de 1643, qui enleva à Lyon une foule de ses habitants, le prévôt des marchands et les échevins, suivis des corporations, du clergé des paroisses et de toutes les congrégations, montèrent processionnellement sur la colline de Fourvière, et vouèrent la ville à Dieu et à la sainte Vierge. Une pyramide surmontée d'une croix et placée sur la terrasse à côté de la chapelle, rappela longtemps la piété de nos pères. L'autorité municipale exécuta religieusement ce vœu jusqu'à l'époque de la Révolution, où cette cérémonie fut officiellement supprimée.

De leur côté, les administrateurs de l'Aumône générale y vinrent aussi en procession pour appeler la miséricorde divine sur les nombreux enfants que la peste avait laissés orphelins. Cette procession s'est perpétuée jusqu'à nos jours. Outre les administrateurs, on y voit les vieillards, les enfants et tout le personnel de l'hospice.

Le chapitre de la Primatiale, précédé des élèves du petit séminaire de Saint-Jean, se rend également chaque année en procession sur la sainte montagne, en souvenir de la réouverture du sanctuaire par le pape Pie VII, à son passage à Lyon, en 1805.

De tout temps, Notre-Dame de Fourvière fut la protectrice de la ville de Lyon et des pays d'alentour. Nos populations lui conservent une dévotion particulière, qui ne s'est pas affaiblie malgré les attaques incessantes dont la religion est assaillie de toutes parts.

Mais vinrent les mauvais jours de la Révolution; on séquestra cette chapelle, et après l'avoir dépouillée de ses ornements et de ses vases sacrés, que l'on envoya aux creusets de la Monnaie, on la vendit aux enchères publiques, comme bien national, au prix de 29,880 livres, payé en assignats.

Le sanctuaire, devenu la propriété de la pieuse dame Besson, passa à des religieuses carmélites, qui voulaient y fonder une communauté.

Racheté en 1805 par les deux frères Caille, anciens membres du clergé de Saint-Jean, pour le compte du cardinal Fesch, archevêque de Lyon, il fut rendu au culte, et la première messe y fut dite en présence du pape Pie VII, qui voulut y officier à son tour.

Il est peu d'étrangers de passage à Lyon, grands personnages ou modestes ouvriers, qui, mus par le sentiment religieux ou par la beauté de la vue, ne fassent l'ascension de la colline. La régente Anne d'Autriche, son jeune fils et une cour brillante montèrent faire leurs dévotions à la chapelle de Fourvière. En 1814, elle fut visitée par le général Frimont, commandant en chef l'armée autrichienne qui occupait Lyon. L'année suivante, les archiducs Maximilien et Ferdinand la visitèrent aussi, accompagnés de leur état-major.

En 1832, lorsque le choléra étendait ses ravages sur la France entière, Lyon fut préservé de ce terrible fléau. En reconnaissance d'une telle faveur attribuée à la protection de la sainte Vierge, les habitants placèrent dans l'intérieur de l'église un tableau votif en son honneur.

Un autre tableau rappelle ces funestes journées de 1840 où la ville de Lyon, envahie par les eaux débordées du Rhône et de la Saône, subit les plus terribles épreuves et fut encore sauvée d'une destruction totale par la toute-puissance de la mère de Dieu.

Ce tableau, dû à Martin-Daussigny, plus connu comme archéologue que comme peintre, est d'un assez mince mérite au point de vue de l'art; mais si nous le signalons à l'attention de nos lecteurs, c'est qu'il est peint à l'encaustique, procédé qui doit lui assurer une longue durée, si l'on en juge par les œuvres similaires de l'antiquité, parvenues jusqu'à nous.

La piété des Lyonnais se manifesta de nouveau à la suite de la révolution de 1848. On restaura l'église, qui néanmoins est loin d'avoir une grande valeur architecturale; on l'orna d'une nouvelle façade et on la dota d'un luxueux clocher surélevé encore par une colossale statue en bronze doré de la très sainte et immaculée vierge Marie.

Moyennant une faible rétribution, on peut monter sur le faîte du clocher, aux pieds même de la statue, d'où l'on embrasse le panorama que nous avons décrit au commencement de ce livre.

Ce clocher, d'un style roman de fantaisie, fut l'objet des plus vives critiques de la part des artistes. On est loin de contester le mérite de son ornementation, mais on trouve que son ensemble ne s'harmonise nullement avec les lignes du paysage qu'il domine. Il n'a pu faire oublier l'ancienne et modeste campanille qui rappelait tant et de si religieux souvenirs à l'esprit de nos concitoyens.

L'inauguration de la statue eut lieu le 8 décembre 1852, en présence de tout le clergé, des séminaires, des confréries et de toutes les communautés religieuses de la ville. Le cardinal de Bonald et les évêques du diocèse assistaient à la cérémonie. Une innombrable population était groupée sur les quais, et le soir toute la ville fut illuminée; un feu d'artifice fut tiré et les salves d'artillerie retentirent dans l'espace.

Depuis lors, à pareil jour, cette touchante et sympathique fête populaire eut lieu avec le même apparat et la même piété de la part des Lyonnais. Au train dont vont les choses, il est à craindre que cette cérémonie ne soit officiellement supprimée. Le cas échéant, elle n'en subsistera pas moins dans le cœur de notre brave population.

La foi est d'autant plus forte que les temps sont plus mauvais, que l'horizon est plus sombre. C'est dans les moments de révolution, dans les grandes commotions sociales où les plus ignobles passions sont déchainées, où l'existence même de la patrie et de la religion est mise en question; dans ces jours où la foule imbécile court s'enivrer des discours fallacieux de tribuns en délire; c'est alors que l'homme vraiment digne de ce nom sent plus vivement sa faiblesse et l'invincible besoin de se rapprocher de Dieu!...

L'intérieur de la chapelle, faiblement éclairé, se compose de deux nefs en ogive, littéralement tapissées d'*ex-voto*; plusieurs d'entre eux remémorent divers épisodes de l'histoire de Lyon. Entre les deux nefs, un luminaire est chargé de cierges allumés par les fidèles; dans un coin sont déposés une multitude de béquilles et de bâtons laissés par de pieux pèlerins guéris soudain de leurs infirmités, après avoir accompli leurs vœux et assisté à une messe dans l'enceinte sacrée.

Dans le cloître fermé par une grille en fer et qui précède l'église, s'étalent plusieurs boutiques d'objets de dévotion; on y trouve aussi à se faire servir chocolat, café au lait et rafraîchissements de toute sorte.

Tel est l'historique résumé de cette antique chapelle destinée sans doute à disparaître prochainement devant une église monumentale que la commission dite de Fourvière fait construire parallélement à la nef de gauche.

CHAPITRE II

LA NOUVELLE ÉGLISE DE FOURVIÈRE

N 1870, Lyon était menacé de deux fléaux à la fois, l'invasion étrangère et l'anarchie au dedans; les Lyonnais, comme leurs pères, en 1643, firent vœu, si la ville échappait à cette terrible perspective, d'élever à la sainte Vierge un monument de leur reconnaissance. Ils tinrent parole.

Sous l'impulsion et par l'initiative d'une commission instituée par l'autorité archiépiscopale, une souscription publique fut ouverte; tous, riches ou pauvres, bourgeois ou ouvriers, apportèrent leur obole à cette œuvre de reconnaissance. La piété a donné à pleines mains. Trois millions ont déjà été dépensés pour l'achat des terrains et pour les premiers travaux; et trois autres millions nécessaires pour terminer le monument ne se feront pas attendre.

Cet édifice renferme deux églises superposées : une crypte et une basilique supérieure. Les travaux sont poussés avec une ardeur égale à l'impatience des fidèles et des curieux.

Mais en attendant son achèvement, et pour donner à nos lecteurs comme un avant-goût de l'aspect présumé que présentera l'édifice élevé d'après les plans et dessins de M. Bossan, dont tout le monde connaît et apprécie le talent quelque peu primesautier, nous ne croyons mieux faire que d'extraire à leur intention, du *Lyon-Revue* (fondé par notre collègue et ami, Félix Desvernay), ces lignes enthousiastes de Ch. Savy, auquel, bien entendu, nous en laissons toute la responsabilité.

« L'œuvre de Fourvière, dit-il, apparaît de notre temps comme une révélation inattendue de cette influence de l'art antique sur l'art chrétien; et si nous voulons assigner à cette conception architecturale une époque qui caractérise son style, nous la plaçons logiquement dans la période du xiie siècle. Le champ est vaste à explorer en ce temps-là; la mine est féconde, riche et variée : c'est alors que se fusionne le romano-byzantin avec le style ogival naissant; les dessins de l'art antique viennent s'allier aux formes nouvelles; le plein-cintre, l'ogive, les pilastres cannelés et les fûts gothiques allongés s'entremêlent et se confondent dans le concert général des lignes de l'architecture, de manière à réaliser l'unité dans la diversité. La nouvelle église de Fourvière n'est qu'un résumé de l'étude savante de l'art de ces deux périodes du moyen-âge. L'architecte, pour ne pas rester au-dessous de sa tâche, a su rivaliser, dans cette œuvre originale, avec l'incroyable fécondité de l'ornementation romane, et, nous le verrons un peu plus tard, dans le vaisseau de l'église supérieure, avec l'élancement prodigieux et la souplesse des nefs gothiques. »

Sans rien préjuger des réflexions et des lignes précédentes, et ce que nous pouvons constater dès à présent, c'est la beauté et la variété des matériaux qui entrent dans cette construction : pierre de l'Echaillon, pierre de Hauteville, granit des Vosges, granit de Cherbourg, granit d'Italie, granit rose de Baveno, porphyre gris-bleu de l'Estérel, marbre cipolin de Saxon en Valais, granit rose et marbre bleu de Séex en Savoie, et autres riches matériaux dont nous ne pouvons faire ici la longue et curieuse énumération.

L'assiette du monument est sur le plateau même, au nord de l'ancienne chapelle, sur l'emplacement des deux jardins de la cure et de l'habitation des chapelains. Une spacieuse terrasse bordée d'une balustrade en pierre, à hauteur d'appui, plonge sur les clos Roccofort et Jaricot, où un large escalier, longeant le mur de soutènement en arcature, permet de descendre, et, de là, regagner la montée Saint-Barthélemy et le centre de la ville.

Les travaux de déblais pour les fondations et pour

la crypte du monument remirent au jour des vestiges antiques, colonnes en marbre blanc, bas-reliefs, briques, poteries. Rien d'important, d'ailleurs, ne fut signalé; le sol avait déjà été plusieurs fois bouleversé, soit pour la construction de l'ancien sanctuaire, soit pour l'établissement du cloître et des autres établissements qui l'accompagnaient.

Ces travaux, nous les suivîmes avec intérêt, en compagnie de plusieurs membres de sociétés savantes, délégués à l'effet de recueillir les trouvailles qui auraient eu quelque valeur au point de vue historique.

CHAPITRE III

LES FRÈRES CAILLE ET LE PASSAGE GAY

A LA suite de cette terrasse, existe la propriété des frères Caille. Cette propriété ayant appartenu à la famille d'Albon, fut vendue sous la Révolution, et acquise par ces deux abbés, qui voulaient y établir un pensionnat de jeunes gens. Une inscription sur marbre noir placée au-dessus de la principale porte de l'habitation, rappelle que le pape Pie VII l'honora de sa présence, et s'y reposa à sa sortie de la chapelle de Fourvière, où il avait officié. Voici cette inscription :

HINC PIUS VII. PONT. MAX. CIVIT.
FAUSTA PRECATUS EST
19 APRILIS 1805

De la terrasse qui est à l'extrémité d'une salle

d'ombrage, le saint Père donna sa bénédiction à l'antique cité des Pothin et des Irénée, ainsi qu'à ses nombreux habitants pieusement agenouillés sur les quais de la Saône. Le bourdon de Saint-Jean et les cloches des autres églises se firent entendre à son arrivée sur la terrasse.

Les deux frères Caille ont laissé à Lyon un nom populaire et rendu vénérable par leur philanthropie et leur piété. Chanoines de la primatiale, ils sont nés à Puisgros, en Savoie, et moururent à Lyon vers 1830. Ils avaient acheté et légué l'emplacement réservé pour la sépulture des prêtres au cimetière de Loyasse, et avaient fondé dans leur maison de Fourvière une providence pour les enfants infirmes.

Leur nom rappelle ce jeu de mots que les vieux Lyonnais aiment à répéter: une *Pie* monta à Fourvière transportée par deux *Cailles*.

On prétend que, lors de son passage à Lyon en 1805, le pape Pie VII désirant visiter la chapelle de Fourvière, fit l'ascension de la colline assis dans un fauteuil que les deux frères Caille portaient sur leurs épaules.

Rectifions ici une légère erreur accréditée parmi nous: ce n'est pas la colline que le pape gravit de la sorte; son voyage dans le fauteuil se borna de la chapelle à la maison Caille ; c'est-à-dire à un trajet de quelques minutes seulement et sur un terrain parfaitement horizontal.

Sur l'emplacement de cette providence se trouvaient, soit les Thermes impériaux, soit de vastes conserves d'eau alimentées par l'aqueduc du Pilat. De ces réservoirs, véritable *diviculum*, l'eau était distribuée dans le Forum et dans les palais placés sur les déclivités de la colline, ainsi que dans les quartiers inférieurs de la ville romaine.

Ces constructions souterraines, servant aujourd'hui de caves, sont visitées avec intérêt par les amateurs d'archéologie. Les murailles, les voûtes et les piliers de ces réservoirs ont leurs parois revêtues d'un ciment bien conservé; le sol est dallé de petites briques carrées, savamment disposées, et offrant une grande solidité.

En face de cette propriété existe un énorme massif de l'aqueduc sur lequel était ménagé le bassin de chasse qui versait ses eaux dans les susdits réservoirs. Un pavillon, le pavillon Gay, est adossé à ce vénérable monument. De là, on a une jolie vue sur le cours des Chartreux, sur Vaise, le Mont-d'Or et la Saône. Dans le jardin qui descend en face du couvent des Carmes-Déchaussés, on a découvert de nombreux débris antiques, entre autres les conduits souterrains d'un large canal, le rez-de-chaussée d'une villa romaine, une salle de bains avec son hypocauste, et, encastrés dans l'une des murailles de la montée des Anges, les fragments d'un réservoir de chasse, dont les siphons empruntant ce même canal, étaient destinés, dit-on, à aller abreuver à travers la Saône, les quartiers du Condate situé au pied de la colline de Saint-Sébastien.

Le pavillon et le passage Gay, où l'on a le droit de circuler moyennant le péage de cinq centimes, sont assez populaires à Lyon. Pierre Gay, mort au commencement de l'année 1878, avait fait des efforts inouïs pour prouver au monde entier qu'il n'y a aucun point de vue comparable à celui que l'on découvre de son observatoire.

Réclames, annonces, rien ne lui coûtait lorsqu'il s'agissait d'établir le fait, dit son biographe, M. Mayery, dans la *Petite Presse de Lyon*, d'où nous extrayons les lignes suivantes :

« Dans toute la ville, il faisait promener un pauvre diable, espèce d'affiche ambulante, pour allécher les étrangers, et au bas de la montée de Saint-Barthélemy, il avait dressé une embuscade ; un pisteur vous prenait au collet, et vous démontrait qu'il était impossible de mourir sans avoir traversé le passage Gay et contemplé les fragments antiques dont il était hérissé.

« L'origine de ces fragments n'était pas, à vrai dire, ce qui l'inquiétait. Il les avait vite datés, classés, apostillés de souvenirs illustres. Quant à leur authenticité, c'était aux savants à la vérifier, et plus d'un y a perdu son latin. Lui, fort heureusement, n'avait pas de latin à perdre.

« Il inventa aussi les *Cures de raisins*, qui attirent tant de monde aux alentours de Montreux, dans le canton de Vaud ; mais ses vignes étaient trop à découvert pour que l'on pût y suivre le traitement indiqué, lequel exige des précautions fort discrètes. »

Le pavillon Gay n'est autre que l'ancien pavillon Nicolas, cher au souvenir de plus d'un Lyonnais. On y trouvait un très bon restaurant, où se réunissait, une fois par mois, la société des *Intelligents*, dite des *Bonnets de coton*, composée de toutes les sommités littéraires, scientifiques et artistiques de Lyon, et dont notre aimable ami, Alexis Rousset, a sauvé de l'oubli d'intéressants détails, en les consignant dans ses *Vieux châteaux* et dans ses *Autographes et dessins*.

CHAPITRE IV

LA SARRA ET LOYASSE

u côté opposé à ce pavillon, c'est-à-dire au midi de la chapelle, un bâtiment moderne, véritable palais d'un beau style, est fort bien disposé sur des terrasses ombragées. Il appartient aux PP. Jésuites, qui en ont été expulsés le 1er juillet 1880, en vertu des décrets du 29 mars. Une tour carrée, dite l'Observatoire, que l'on a abaissée de plusieurs étages pour dégager la chapelle, s'élève au-dessus et complète le tableau.

L'entrée principale de cet établissement est sur la rue de Fourvière, où maintenant l'on peut arriver en voiture.

Sur l'emplacement de cette tour et de ce bâtiment existaient d'anciens et vastes édifices que l'on suppose avoir été des dépendances du Forum. On y trouva d'épaisses substructions, des marbres, des piédestaux avec des fragments de statues, des tronçons de colonnes cannelées en pierre, mais revêtues de plaques de marbre. En 1704, on en exhuma aussi le célèbre taurobole : *pro salute im. Caes. T. Ael. Hadriani,* et le non moins intéressant taurobole de l'empereur Commode, précieux ornements de notre Musée lapidaire.

A l'ouest de l'église, et sur la place même de Fourvière, on voit deux communautés, l'une, dite des Dames de la Retraite de saint François-Régis, l'autre, le pensionnat de Jésus-Marie ; puis le plateau s'infléchit légèrement et se relève bientôt après. Nous suivons la rue du Juge-de-Paix, où l'on rencontre un orphelinat, la maison des Carmélites, une providence et l'hospice des Dames du Calvaire, qui occupe l'ancien enclos de la Sarra, où l'on pénètre par une belle grille en fer et une longue avenue bordée de pelouses, de fleurs, d'arbres fruitiers et de vignes en espaliers. Une chapelle nouvellement édifiée s'élève au milieu des jardins.

A quelques pas plus loin, voici la rue des Quatre-Vents, puis la place de la Sarra, qui est entourée d'une double rangée d'arbres, et qui sert de champ de manœuvres militaires aux troupes casernées dans le fort de Loyasse.

Lorsqu'on creusait le sol de l'enclos pour recevoir les fondations de cet hospice, et celui de la place pour l'affecter à sa nouvelle destination, on y rencontra des débris de statues, entre autres une tête colossale d'empereur, des fûts de colonne, des mosaïques, des canaux et des tronçons d'aqueduc, des monnaies et des médailles, des massifs de maçonnerie et d'énormes pierres de taille. Dans cet endroit, s'élevait, dit-on, le palais des Antonins.

Sur l'un des côtés de cette place, qu'un grand mur sépare du nouveau cimetière de Loyasse, on a établi un vaste château d'eau alimenté par un siphon qui, traversant la Saône sur le pont de Serin, part de la grande colonne de Saint-Clair; ce réservoir dessert tous les quartiers supérieurs de Fourvière, de Saint-Just, de Saint-Irénée et de Trion.

De l'enclos et de la place de la Sarra, comme au surplus de tous les points de la colline, on découvre un panorama enchanteur sur diverses parties de l'horizon.

Nous voici devant les deux cimetières de Loyasse. Le plus ancien et le plus richement orné date de l'année 1807; M. Fay de Sathonay était alors maire de Lyon.

L'entrée de cette nécropole est d'un style sévère, et présente l'inscription suivante :

MEMENTO . QVIA . PVLVIS . ES.
ET . IN . PVLVEREM . REVERTERIS.

L'intérieur est divisé par une multitude d'allées plantées de sycomores, de tuyas, de cyprès et autres arbres funéraires. dont les sombres rameaux se mariant ensemble forment comme une voûte mystérieuse au-dessus de la tête des visiteurs. On y voit une foule de monuments plus ou moins riches, de plus ou moins de goût, et dont nous ne pouvons entreprendre ici la longue énumération. Un emplacement particulier est réservé à la sépulture des prêtres; un autre, à celle des protestants.

Ces cimetières, situés sur les versants nord de la colline, sont vastes et bien aérés; il en est peu ailleurs qui réunissent de semblables conditions de salubrité.

Au nord-est, est le fort de Loyasse, dont les feux plongeants pourraient défendre les abords de la ville, le cours de la Saône et le vaste bassin animé par les usines et les multiples industries du quartier de Vaise.

Du cimetière et du fort, on peut descendre sur le quai de l'Observance par une belle route à voitures, ou par l'interminable escalier de la Sarra, qui longe le rocher sur lequel était placée l'ancienne prison d'Etat de Pierre-Scize.

En sortant de ce champ du repos éternel, où la piété des familles a cherché à embellir la dernière demeure de ceux qu'elles ont perdus, nous prendrons le chemin de ronde qui relie les forts de Loyasse, de Saint-Just et de Saint-Irénée, élevés sous le règne de Louis-Philippe, et devenus inutiles par suite du nouveau système de la défense et de l'attaque des places. Ce ne sont plus que des casernes affectées aux troupes de la garnison.

A gauche, ce chemin de ronde est bordé de boutiques d'objets de piété et d'ateliers d'entrepreneurs de monuments funéraires; à droite, la vue se promène des riantes collines de Champvert, de la Duchère, d'Ecully, aux montagnes plus sévères de la chaîne du Lyonnais. Il nous conduit devant plusieurs piliers de l'aqueduc du Pilat. Là, cet aqueduc se divisait en plusieurs branches qui versaient leurs eaux sur toute l'étendue du plateau.

Non loin de là, on remarque deux pavillons carrés qui servaient naguère à deux stations de la télégraphie aérienne; ils sont placés dans les murs de clôture d'une belle propriété appartenant aux Dames de la Visitation, qui dirigent un pensionnat de jeunes demoiselles. On peut y visiter une petite chapelle qui mérite une mention spéciale. Elle est de style byzantin, à une seule nef, très jolie, très coquette, comme il convient d'ailleurs à une communauté de dames.

CHAPITRE V

TRION ET LE CLOITRE DE SAINT-JUST

NE porte à pont-levis, dite porte de Loyasse, ménagée dans le mur d'enceinte du chemin de ronde, permet de descendre en quelques minutes dans le quartier de Trion, autrement dit de Saint-Just et de Saint-Irénée. C'est là que Lucius Munatius Plancus établit ses légions ainsi que les Viennois expulsés de leur ville par une révolte des Allobroges ; là, avons-nous dit, fut le berceau de l'antique Lugdunum.

Cette petite plaine supérieure se développe en forme de bassin entre la colline de Fourvière et celle de Sainte-Foy ; à l'est, elle regarde Lyon ; à l'ouest, elle va se confondre avec les territoires de Champagne et du Point-du-Jour. Elle renferme un grand nombre de maisons habitées par des ouvriers en soie et par des jardiniers. Sauf deux rues, la rue des Macchabées et la rue de Trion, les autres sont étroites, tortueuses, quelques-unes sans issue. Cependant le nouveau chemin de fer de la Ficelle permet aux habitants de Lyon d'arriver sans peine sur le plateau. La gare supérieure est située au milieu même de la rue de Trion. Ce railway incliné d'une longueur de huit cents mètres, est entièrement souterrain, sauf à la gare intermédiaire des Minimes. Il fut livré au public le 14 juillet 1878, et solennellement béni par Mgr Charbonnel, évêque de Toronto. La gare inférieure se trouve à l'extrémité de l'avenue de l'Archevêché. Le voyage dure cinq minutes, et le prix est de quinze centimes.

De plus, une belle route carrossable ouverte sous Napoléon III, traverse et vivifie ce vieux quartier si longtemps délaissé. Elle part du quai de la Quarantaine, décrit des lacets répétés sur les rampes de Choulans et se dirige sur la Demi-Lune, sur Gorge-de-Loup et sur Vaise.

A cette route, vient s'embrancher la nouvelle avenue Vallioud, qui conduit à Sainte-Foy par le versant oriental du coteau, et dont le parcours offre au promeneur une succession non interrompue de merveilleuses perspectives sur les plaines ondulées du département de l'Isère.

Ce quartier qui vit s'élever tant de monuments romains et de monuments du moyen-âge, n'en a cependant conservé qu'un confus souvenir. C'était le point de départ des quatre grandes voies militaires qui se dirigeaient aux extrémités de la Gaule ; là, avait lieu la jonction des trois lignes d'aqueducs du Pilat, de la Brevenne et du Mont-d'Or, qui fournissaient l'eau à la ville romaine.

Le grand aqueduc du Pilat, qui avait un parcours de quatre-vingt-quatre kilomètres et, dit-on, un débit de 500,000 hectolitres en vingt-quatre heures, nous a montré quelques piliers sur le plateau de Fourvière ; il en a laissé ici de beaucoup plus importants, enclavés dans le fort même de Saint-Irénée, que l'on aperçoit sur la hauteur, à petite distance. Les eaux étaient conduites de l'une à l'autre colline, ou du réservoir de chasse au réservoir de fuite, au moyen de gros tuyaux de plomb qui affectaient la forme de siphons renversés.

Autrefois, bourg indépendant de la ville de Lyon, ce quartier était sous l'obéissance et la juridiction des chanoines de Saint-Just. Des fossés et des remparts le défendaient à l'Ouest et au Sud. La porte des Farges le séparait de la ville. Deux autres portes, celle de Trion entièrement disparue et celle de Saint-Irénée, dont il reste encore quelques vestiges, s'ouvraient sur la campagne.

Le cloître de Saint-Just, si célèbre au moyen-âge dans les fastes de la ville, s'élevait sur l'espace compris entre la rue des Macchabées, le Calvaire et l'ancienne montée de Choulans où l'on peut encore voir d'énormes murailles de soutènement. Fortifié comme une citadelle, il avait des remparts crénelés de trente-six pieds de hauteur, flanqués de vingt-deux tours carrées. Deux portes à pont-levis donnaient accès dans l'intérieur.

Il doit son origine à une église fondée dès les premiers temps de la chrétienté par l'évêque saint Patient, sur l'emplacement d'un oratoire souterrain dédié en premier lieu aux saints Macchabées, et plus tard à saint Just, dont les reliques, apportées d'Orient, furent déposées dans la crypte de la nouvelle église.

Bâtie avec des matériaux extraits d'anciens monuments romains, cette église renfermait vingt-quatre chapelles, ornées de marbres précieux ; deux clochers s'élevaient à une grande hauteur.

Le pape Innocent IV y trouva un asile contre les persécutions de l'empereur d'Allemagne, Frédéric II. Il y convoqua un concile œcuménique en l'année 1245, et dès la première séance il lança contre ce souverain une sentence d'excommunication.

L'assemblée était nombreuse ; des seigneurs, des savants, des ambassadeurs, des princes, l'empereur de Constantinople, les comtes de Provence et de Toulouse, formaient une suite brillante aux prélats convoqués de toutes les parties du monde chrétien. Nos vieux chroniqueurs ont raconté l'éclat des cérémonies et des fêtes données en cette mémorable occasion.

Le souverain pontife résida plusieurs années dans

le cloître de Saint-Just ; il consacra la nouvelle église et accorda aux chanoines de nombreuses immunités. Il leur fit présent, en outre, d'une rose d'or enrichie de diamants, que l'on plaçait sur l'autel à certaines grandes fêtes, à la vue des fidèles. Cette rose, précieusement conservée dans le trésor de Saint-Jean, échappa aux déprédations des calvinistes, dit un historien moderne, mais elle a disparu en 1793.

L'obéancier du chapitre avait le privilége de porter la parole pour le clergé de Lyon aux entrées des rois et des légats du Saint-Siége.

Les chanoines de Saint-Just prirent le titre de baron, après qu'Innocent IV, pour les dédommager des dépenses qu'il leur avait occasionnées pendant le long séjour qu'il fit dans leur monastère, leur eût octroyé la terre de Brignais, qui, jointe à celles de Grézieux et de Valsonne, forma la baronnie de Saint-Just.

Ce même lieu vit se rassembler aussi le concile de 1305, où Clément V ceignit la tiare pontificale en présence des rois de France, d'Angleterre et d'Aragon, et des plus grands seigneurs invités à cette cérémonie.

Dans leur passage à Lyon, les rois de France habitaient le cloître de Saint-Just : saint Louis en 1248 ; Louis XI en 1483 ; Charles VIII et sa femme en 1447 ; François Ier en 1515 ; la reine Claude, son épouse, Louise de Savoie, sa mère, des seigneurs et des dames de la cour y séjournèrent en 1525.

C'est là que la reine-mère régente du royaume

apprit la perte de la bataille de Pavie et qu'elle vit mourir le duc d'Alençon, son second fils.

Durant la longue période du moyen-âge, le cloître fut pris et saccagé par le fils de Philippe-le-Bel; mais il put résister aux attaques du peuple lyonnais révolté contre le chapitre de Saint-Jean, qui s'y était réfugié. En 1562, il tomba pour ne plus se relever. Les calvinistes n'y laissèrent pas une pierre debout.

L'emplacement du cloître est maintenant occupé par des jardins, des maisons particulières et une communauté de dames qui dirigent un pensionnat de demoiselles, dit le pensionnat des Oiseaux.

On y voit aussi un ancien petit hôtel que la tradition considère comme ayant appartenu à Jean Cléberg, dit le *bon allemand*. Pendant longtemps on y vit une auberge, le *Bœuf-Couronné*.

Ce nom de Bœuf-Couronné nous paraît provenir d'un taurobole qui est enchâssé dans une fontaine voisine, et sur lequel est sculptée la tête d'un taureau ceinte de fleurs et de bandelettes sacrées; sur les faces latérales, sont les instruments victimaires.

CHAPITRE VI

SAINT-IRÉNÉE ET LE CALVAIRE

'ÉGLISE de Saint-Irénée se trouve à l'extrémité de la rue des Macchabées; on la désignait autrefois sous le nom de Saint-Irénée-sur-la-Montagne; pour la distinguer d'un oratoire situé à Saint-Clair et nommé Saint-Irénée-sur-le-Rhône.

Assise sur un perron où l'on accède par plusieurs marches, elle est formée d'une seul nef et de chapelles sur les côtés. Au-dessus du chœur en forme d'hémicycle, s'arrondissent deux coupoles et s'élève une tour carrée qui sert de clocher. Son style affecte ce roman bâtard, tel qu'on le comprenait au commencement de ce siècle, où l'édifice fut reconstruit.

Une crypte profonde, qui date des premiers temps du christianisme, est ménagée au-dessous du sanctuaire

On y descend par un long escalier, qui prend naissance dans une grande cour, derrière l'abside de l'église.

Là, sont conservées, abritées par des grilles de fer, les reliques des dix-neuf mille chrétiens qui, avec l'évêque saint Irénée, furent massacrés par les soldats victorieux de Septime-Sévère, à leur entrée dans Lyon, en l'année 198. Un puits creusé au milieu de la crypte, et fermé par un couvercle en bois, est aussi rempli de leurs restes vénérables.

Les calvinistes dispersèrent ces restes sacrés, auxquels ils mêlèrent des ossements et des débris de toute sorte d'animaux. Après le départ des sectaires, ces reliques, profanées, furent rassemblées et replacées dans la crypte; mais elles avaient été purgées des immondices qui les souillaient.

On prétend que le sol de cet endroit consacré est encore rouge du sang des chrétiens.

L'église, saccagée aussi par les hérétiques, fut restaurée; détruite de nouveau en 1793, elle fut relevée lors du rétablissement du culte.

A l'extrémité de la cour et en face de l'entrée de la crypte, on a élevé une plate-forme demi-sphérique, surmontée de trois grandes croix de fonte qui portent le Christ et les deux larrons. C'est le Calvaire. Les anges et les saintes femmes sont en adoration aux pieds du fils de Dieu et l'arrosent de leurs larmes. Ce groupe, en marbre blanc, est d'un fort beau travail. Autour de la cour, sont les douze stations d'un chemin de croix.

Il existe aussi là une petite chapelle souterraine, dont la sombre entrée inspire la vénération et une certaine crainte respectueuse. On y voit le Sauveur au tombeau. La statue est en marbre d'un ton livide. Artistement sculptée et faiblement éclairée, elle produit un effet étrange sur le spectateur.

Ces lieux sont visités pendant la semaine-sainte par une affluence considérable de fidèles, que la piété y attire de la ville et des campagnes environnantes.

Le Calvaire présente un aspect monumental. Il fut établi en 1816 par les soins de M. Guillot, l'auteur des célèbres *Folies*, qui ornaient naguère encore les bords de la Saône à Collonges, sur le penchant du Mont-d'Or.

De sa plate-forme, le regard embrasse avec admiration les nombreuses propriétés qui embellissent le versant de Choulans, le midi de la ville, la gare de Perrache et les voies ferrées qui y convergent, toute la presqu'île, le cours et le confluent des deux fleuves, et les plaines du Dauphiné jusqu'aux montagnes de la Savoie.

A côté du Calvaire, s'élève un édifice d'un très bon style, construit par Soufflot au dernier siècle pour recevoir une congrégation de religieux augustins, chargés du service divin à l'église de Saint-Irénée.

Restauré à la suite du siége qui y occasionna de graves dégâts, cet édifice, connu sous le nom de refuge Saint-Michel, et sous la direction d'une communauté de dames, recevait les jeunes filles égarées ou insoumises, que des passions précoces entraînaient au vice. Le travail, la prière, les bons exemples les moralisaient, et elles pouvaient rentrer au sein de leurs familles.

Cet établissement est adossé aux anciens remparts, à quelques pas du fort de Saint-Irénée. De ce côté-là les calvinistes battirent en brèche le vieux cloître, et par là aussi les troupes de la Convention entrèrent à Lyon, après le siége que notre malheureuse ville avait soutenu en 1793.

Il est à supposer que de ce lieu partait la grande voie d'Aquitaine; on y a trouvé nombre de tombeaux anciens et d'inscriptions tumulaires, d'amphores, de lampes sépulcrales. Les Romains, on le sait, avaient l'habitude de placer leurs monuments funéraires le long des grands chemins, à l'entrée des villes. Le magnifique sarcophage en marbre de Paros, un des plus beaux ornements de notre musée lapidaire, a été exhumé de la cour de l'église Saint-Irénée; et les érudits ont présent à la mémoire les lignes écrites par Sidoine Apollinaire, au sujet des violateurs du tombeau de ses ancêtres, que l'on croit avoir existé là, sur cette même voie.

CHAPITRE VII

LA PLACE DES MINIMES ET LE GOURGUILLON

ous allons revenir sur nos pas, et retourner à Lyon par la nouvelle porte de Saint-Just ouverte dans le mur d'enceinte que nous avions côtoyé à notre sortie de Loyasse, lequel va se relier à des redoutes placées sur le promontoire qui domine Choulans et la Quarantaine, et que le moyen-âge nommait le *Puy d'Ainay*.

Le premier monument que le touriste rencontre après avoir franchi cette porte est l'église de Saint-Just, soit des Macchabées, placée au centre de la rue des Farges.

Cette église, qui a remplacé celle que les calvinistes avaient ruinée, fut rebâtie par les anciens chanoines quelques années après le départ des hérétiques, consacrée en 1591 par Mgr d'Epinac, agrandie en 1661 et terminée en 1747, sous la direction de l'architecte Delamonce. Les mutilations qu'elle subit de nouveau en 1793 disparurent sous le règne de Napoléon Ier. D'une grande sécheresse de lignes, elle affecte le style de la renaissance.

La façade est ornée des statues de saint Just et de saint Irénée, œuvre de Legendre-Hérald; le fronton porte cette inscription : *Macchabœis primo deinde sancto Justo*, qu'un Lyonnais facétieux a traduit par : Le premier marché des dindes fut à Saint-Just...

Nous voici arrivé sur la place des Minimes.

Cette place, en forme d'hémicycle, est adossée au coteau de Saint-Just. Les Romains l'ornèrent de monuments dont on a retrouvé d'intéressants vestiges : un palais impérial, un théâtre, de vastes conserves d'eau, des bains, des thermes et autres établissements publics.

Actuellement, elle est embellie de squares, de pelouses et de massifs d'arbres, divisés par de jolies allées servant de promenade. C'était naguère un marché aux bestiaux, couvert de boue ou de poussière; une énorme muraille noirâtre à pans coupés soutenait le terrain supérieur. Là, se trouvaient jadis les fourches patibulaires de la justice des chanoines de Saint-Just; à côté, était la célèbre croix de Colle, *Crux decollatorum*, par une allusion vraie ou fausse aux martyrs qui auraient péri en ce lieu. Là aussi se dressa plusieurs fois l'affreuse guillotine.

Quatre voies de communication convergent vers cette place : la montée du Gourguillon, la montée du Chemin-Neuf, la rue des Farges, qui va à Saint-Just, et la rue de l'Antiquaille, qui se dirige sur Fourvière.

La montée du Gourguillon, rude, contournée, pavée de gros cailloux pointus, bordée de hautes murailles ventrues et de sordides maisons, était, à l'époque de la domination romaine et au moyen-âge, le seul chemin qui existât entre le quartier Saint-Jean et le bourg de Saint-Just.

Elle est habitée par de vieux ouvriers en soie, les canuts par excellence, par des chiffonniers et des marchands de bric-à-brac. Par-ci, par-là, le verre à vitre n'a pas encore détrôné le classique papier huilé.

Deux misérables ruelles, profondément encaissées, praticables seulement aux piétons, grâce à des rampes d'escaliers inégaux, se détachent de cette montée et descendent sur les bords de la Saône. C'est la ruelle des Epies et la ruelle de Bourdy, cette dernière appelée jadis Breneuse, Merdeuse, Foireuse, Dorée ou Bourdelle.

A l'angle de cette ruelle et de la montée, on remarque un vieux bâtiment assis sur des terrasses, et dans lequel on pénètre par un large portail moderne. C'est la Chambre des notaires, où cette estimable corporation a rassemblé ses archives, sous la garde d'un greffier, et où le Conseil se réunit chaque mois pour traiter des intérêts administratifs et disciplinaires, et aussi pour tabler.

Au milieu de son parcours, la montée forme la petite place de Beauregard. On y rencontrait la recluserie de la Magdeleine et le fort du Gourguillon, appartenant au chapitre de Saint-Jean.

A côté de la recluserie, s'éleva plus tard la maison de la famille Orlandini, qui la vendit à Jean-Marie Chézard de Matel, lequel y fonda, en 1625, l'ordre du Verbe-Incarné. Ces religieuses agrandirent la chapelle de la recluserie et en firent leur église. Elles portaient un vêtement blanc et un scapulaire rouge, au milieu duquel étaient brodés le monograme de Jésus et ces mots : AMOR MEUS.

Juxtaposée à cette communauté se trouvait la résidence de Guillaume Duchoul, savant écrivain lyonnais, au XVI° siècle ; il y avait réuni un grand nombre d'inscriptions lapidaires de l'époque romaine. Dans le jardin et dans les caves de la maison, on voit encore des galeries voûtées paraissant se diriger du côté de Fourvière et de Saint-Just.

Ces immeubles, vendus sous la Révolution, devinrent un célébre pensionnat que MM. Guillard père et fils dirigèrent successivement, sous le nom de pensionnat du Verbe-Incarné.

Aujourd'hui, ce sont des habitations particulières.

Quant au fort du Gourguillon, il a disparu depuis longtemps sous les attaques des bourgeois lyonnais révoltés contre l'autorité temporelle du Clergé. Plusieurs combats livrés en ce lieu entre les *citiens* de Lyon et les soldats du chapitre, et un événement dont cette montée fut le théâtre, rendirent le Gourguillon populaire dans les fastes de la ville.

Les membres du concile de 1305, qui venaient de couronner le pape Clément V à l'église des Macchabées, redescendaient en grande pompe à l'église de Saint-Jean ; un mur de terrasse, le vieux mur du fort, s'écroula sous le poids des curieux qui s'y étaient placés et écrasa nombre de gens du peuple, des princes du sang, des seigneurs, des cardinaux, des prélats et plusieurs de leurs montures ; le souverain Pontife fut renversé de sa mule et sa tiare roula au milieu des débris, des morts et des blessés ; son frère fut au nombre de ceux qui perdirent la vie ; le duc de Bretagne fut aussi écrasé ; le comte de Valois, frère de Philippe-le-Bel, fut blessé dangereusement.

CHAPITRE VIII

LE CHEMIN-NEUF ET LE GRAND-SÉMINAIRE

e Chemin-Neuf ne date que de 1562. On le doit au baron des Adrets qui occupait Lyon à cette époque, et qui dans un but tout à la fois de stratégie et d'utilité publique le fit ouvrir, par corvées, pour faciliter à ses troupes l'accès de Saint-Just et des remparts qui défendaient la cité de ce côté-là, et aux Lyonnais des rapports faciles avec le plateau. Le Gourguillon était alors la principale voie entre les divers quartiers du bas et du haut de la ville; et encore était-elle à peu près impraticable à l'artillerie et aux charrois.

Ouvrons ici une parenthèse pour dire que, tout en déplorant amèrement les pillages systématiques que nos églises et nos couvents eurent à subir à cette époque de la part des protestants, la ferme administration du baron des Adrets imprima un grand élan à la réfection de quelques-uns de nos quartiers. Le cloître de Saint-Jean, ouvert de tous côtés, ne fut plus un obstacle à la circulation publique; la rue Clermont fut créée; l'église de Saint-Nizier fut dégagée des maisons et des ruelles qui encombraient ses abords; les cimetières et leurs charniers disposés autour des églises furent assainis, quelques-uns même supprimés; une large voie de communication tracée, à travers le ténement de Bellecour, rejoignit le Rhône et la Saône par le prolongement tracé dans l'axe de la rue de la Barre; la rue Saint-Dominique prise sur le jardin des Jacobins, le long de celui des Célestins, fut percée jusqu'à ce ténement, et la rue Belle-Cordière, ne se terminant plus comme une impasse, fut aussi poussée jusqu'à Bellecour, dont les clôtures furent abattues, le terrain nivelé et livré au public, après avoir servi de place d'armes à l'artillerie et à la cavalerie du baron des Adrets.

Nous n'irons pas plus loin dans l'énumération des progrès de viabilité et de voirie réalisés pendant l'occupation des protestants, et qui devinrent le point de départ de ceux que l'on devait exécuter plus tard. A cette époque-là le pont de la Mulatière n'existant pas encore, et la ville finissant au ténement de Bellecour et au confluent d'Ainay, la route du Forez ne parvenait à Lyon que par le village de Sainte-Foy et la porte de Saint-Irénée. Les relations étaient donc des plus difficiles entre le centre de la cité et les voyageurs qui arrivaient par cette route, avant la création du Chemin-Neuf.

Depuis quelques années, cette montée a été rectifiée, et son pavage défectueux a disparu devant un macadam plus favorable à la circulation des voitures et des bêtes de somme.

En haut du Chemin-Neuf, existe une nouvelle communauté de dames, dite de Marie-Thérèse, avec une jolie église et plusieurs terrasses superposées ; c'est en même temps une pension et un orphelinat de petites filles.

Plus bas, un établissement de Lazaristes a remplacé un célèbre traiteur, le *Fidèle-Berger*, bien connu de nos pères.

Les gastronomes, les *Fine-Gueule*, les membres du barreau surtout et la magistrature, s'y rendaient soit en corps, soit en particulier, pour apprécier le talent culinaire du Vatel lyonnais. La gravité restait à la porte, dit un contemporain, et il est douteux qu'en sortant on songeât à la reprendre.

Dans l'axe de la place des Minimes, entre l'église de Saint-Just et la montée du Gourguillon, et dans l'enclos d'un ancien couvent d'Ursulines, qui domine à pic le vieux quartier Saint-Georges, un peu en arrière de l'emplacement où se trouvaient d'immenses réservoirs appelés Bains romains ou Grotte-Bérelle, est bâti le Grand-Séminaire.

Cette monumentale construction, flanquée de quatre corps de logis et desservie par une galerie à arcades qui circule tout autour, affecte le style Henri IV. Le plan et les dessins sont de M. Desjardins, et les travaux ont été dirigés par M. Hirsch, aujourd'hui architecte de la ville.

Vu des quais de la Saône et du centre de Lyon, l'édifice présente une masse trop lourde; il écrase le coteau et se silhouette désagréablement sur l'horizon; mais il a d'intéressants détails, et son intérieur est commodément aménagé. Son entrée et sa façade principale, sur la place, sont encore masquées par une ligne de vieilles maisons, qui, espérons-le, ne tarderont pas à disparaître.

La chapelle renferme de fort bons tableaux sortis du séminaire de Saint-Clair, et provenant, pour la plupart, des libéralités du cardinal Fesch, qui a tant fait dans l'intérêt de son diocèse.

Les travaux commencés dans les dernières années du règne de Louis-Philippe furent achevés sous l'Empire. Après le Quatre-Septembre 1870, les pensionnaires et leurs professeurs renvoyés, le Grand-Séminaire servit de caserne à plusieurs bataillons de gardes mobiles, qui malheureusement y causèrent de trop nombreux dégâts.

CHAPITRE IX

LES MINIMES ET L'ANTIQUAILLE

Un magnifique bâtiment moderne étale ses grilles et ses façades au sommet de la place. C'est le pensionnat de Notre-Dame des Minimes, dirigé par des ecclésiastiques. Il a remplacé l'ancien couvent des franciscains, de l'ordre des Minimes, édifié à la fin du xvie siècle sur les décombres de monuments qui dépendaient d'un théâtre romain.

De l'ancien couvent, l'église seule subsiste encore au milieu des constructions modernes.

Elle était divisée en deux parties, l'une pour le public, l'autre pour les religieux. La première partie, qui est spacieuse, est aujourd'hui affectée à une salle où les jeunes élèves prennent leur récréation pendant l'hiver. L'autre partie, qu'on a conservée au culte, possède de belles orgues, de beaux tableaux, et est très bien décorée. Elles sont séparées l'une de l'autre par une cloison et un escalier à plusieurs marches.

Un petit détail ignoré de la plupart de nos contemporains, et que nous tirons de quelques vieux documents, sera sans doute lu avec intérêt.

Les frères Minimes fabriquaient un vin d'absinthe en grande réputation parmi le peuple. En revenant du calvaire le jour du vendredi-saint, les fidèles s'arrêtaient au couvent pour boire de cette liqueur en signe de mortification. Les Minimes en faisaient ce jour-là un débit considérable et lucratif. Ils en vendaient dans le cours de l'année comme remède à certains maux.

Quant au théâtre romain, ses ruines existent encore dans l'enclos du refuge de Notre-Dame de Compassion. Un mur sépare cet enclos de celui du pensionnat des Minimes.

Elles se composent d'épais massifs de maçonnerie adossés à la colline et décrivant un hémicycle, où l'on croit reconnaître les gradins où s'asseyaient les spectateurs, et des voûtes profondes qui renfermaient les bêtes fauves destinées à combattre avec les gladiateurs. Ces souterrains étaient désignés jadis sous le nom de grottes des Sarrasins.

Quelques écrivains avancent que là furent martyrisés les quarante-huit chrétiens, compagnons de l'évêque saint Pothin, en l'année 177 de notre ère. Ils n'ont pas fait attention que ce monument était un théâtre et non un amphithéâtre, et par conséquent impropre à servir d'arène à des jeux sanglants.

En quittant la place des Minimes et suivant la rue qui monte à Fourvière, on rencontre la gare du nouveau chemin de fer souterrain; puis l'entrée principale de l'Antiquaille.

Les nombreux corps de logis de cet édifice occupent l'emplacement du palais des Césars, dans lequel naquirent Claude, Caligula et Germanicus, et où habitèrent tour à tour les empereurs Auguste, Tibère, Domitien, Sévère, Caracalla...

Les rois burgondes en firent aussi leur résidence.

Assis au sommet de la montée Saint-Barthélemy, *sur les arcs adossés au puy de Fourvière*, il doit son nom aux multiples fragments d'antiquités trouvés dans le sol et réunis par l'érudit Pierre Sala, qui, en l'année 1500, fit construire cet édifice, connu sous le nom d'*Antiquariâ domus*. Là, réunissant ses amis, les gens les plus lettrés de la ville, il fonda une académie, qui eut ses jours de célébrité.

Au milieu du XVII® siècle, le château de l'Antiquaille passa aux Buatier, puis à Claude de Rubys, qui en a daté l'épitre dédicatoire de la *Véritable histoire de Lyon* à Pomponne de Bellièvre, premier président du parlement de Grenoble. Il passa ensuite à un Sève, qui le céda aux dames de la Visitation.

En 1630, il fut rebâti en entier et disposé d'une manière plus conforme à sa nouvelle destination;

les trois gros pavillons carrés, reliés entre eux par des constructions irrégulières, remplacèrent les bâtiments que Pierre Sala avaient édifiés dans le style qui caractérisait le xv° siècle.

Les religieuses chassées à l'époque de la Révolution, leur monastère fut acquis par un seul particulier, puis par une compagnie, puis enfin par la ville, dès les premiers temps de l'Empire. Augmentés de quelques annexes sans homogénéité et de l'aspect le plus prosaïque, il fut affecté au Dépôt de mendicité, plus tard à un hospice de fous et de vénériens des deux sexes. On y enfermait aussi les filles publiques ramassées par la police dans les rues de la ville. Le service en est fait par des Sœurs et des Frères d'un ordre hospitalier.

Disons toutefois que les aliénés sont aujourd'hui transférés au nouvel asile de Bron.

La principale entrée de l'Antiquaille, à fronton et à bosselage, est ornée de deux écussons armoriés.

Une belle et spacieuse terrasse s'étend, à l'est, sur le devant de l'édifice; des jardins descendent jusqu'à la montée du Chemin-Neuf.

Au-dessous de la chapelle consacrée à Notre-Dame et aux Martyrs lyonnais, on peut visiter un cachot où furent, d'après la tradition, enfermés saint Pothin et sainte Blandine. Un gros pilier soutient la voûte. A ce pilier, le vieillard et la jeune fille furent attachés et fouettés avant d'aller subir le martyre avec les autres confesseurs de la foi.

Un treillis de fer protége ce pilier contre les pieux

larcins des visiteurs, qui ne craignaient pas de le dégrader et d'en emporter des fragments précieux comme reliques. On y voit aussi un petit autel et une pierre où sont inscrits les noms des quarante-huit martyrs.

Louis XIV, sa mère Anne d'Autriche, le pape Pie VII et d'autres éminents personnages, vinrent, à diverses époques, visiter cette crypte et s'agenouiller dans ce lieu si plein d'antiques et pieux souvenirs.

« Le cachot a conservé sa forme primitive, dit Achard-James dans sa monographie de l'Antiquaille ; il n'a guère plus de dix-huit pieds de long sur quatorze de large, et neuf de haut à son centre. Il va en s'abaissant jusqu'au sol, sur lequel sa voûte naturelle repose immédiatement de trois côtés. Il est comme le vestibule de trois autres cachots et d'une voûte souterraine qui communiquait avec le palais et servait à conduire les chrétiens captifs auprès des empereurs. »

CHAPITRE X

LES CHAZEAUX ET LES RÉCOLLETS

quelque distance de l'hospice, en descendant la montée Saint-Barthélemy, nouvellement rectifiée et accessible aux voitures, on remarque, dans une façade de mesquine apparence et aux ouvertures très irrégulières, une petite porte marquée au coin le plus pur de la renaissance ; deux élégantes colonnes à chapiteaux soutiennent la plinthe qui forme imposte.

La porte est à plein cintre ; le claveau médian montre un écusson martelé. A côté, est une autre porte ornée de trois écussons. Celui du centre, accolé de deux lions et orné de feuilles d'acanthe artistement travaillées, rappelle les armes de François de Mandelot, gouverneur de la ville, au milieu du xvi⁰ siècle. Celui de gauche est celui de dame Eléonore Robertet, sa femme. Sur celui de droite, sont les armes écartelées des deux époux.

Les deux derniers écussons affectent la forme d'un losange, et sont entourés de lacs d'amour.

Le style de la première porte et son ornementation indiquent que la maison qu'ils décorent appartenait à une famille puissante. En effet, c'était l'hôtel de Belle-Grève, construit par l'Italien Pauli Beneditti, sur les ruines d'une villa romaine.

L'intérieur était somptueux ; des jardins en terrasse offraient des collections d'arbustes et de fleurs rares ; des fontaines jaillissantes répandaient partout la fraîcheur et réjouissaient les yeux.

De Pauli Beneditti, cet hôtel passa au célèbre Mandelot, qui y fixa sa résidence et l'embellit à son tour. Les chroniques lyonnaises font mention des fêtes magnifiques qu'y donna le gouverneur à Henri III, aux échevins et aux principaux personnages de la ville.

Le roi Henri IV y logea quelques jours, en l'année 1595.

En 1623, cette résidence qui avait perdu toute sa splendeur après la mort de Mandelot et de son épouse, fut acquise par la communauté des dames, dites de Chazeaux, ou Chazottes, qui, du Forez, vinrent s'y établir et lui donnèrent leur nom, avec le titre d'abbaye royale.

A la Révolution, ces religieuses durent quitter leur

demeure, confisquée au nom de la liberté. Pendant le siège de Lyon, elle fut convertie en hôpital militaire, puis affectée au Dépôt de mendicité, enfin annexée à l'hospice de l'Antiquaille, dont elle forme aujourd'hui une importante dépendance.

Cette ancienne abbaye rappelle un souvenir de J.-J. Rousseau. Le célèbre philosophe, alors inconnu, de passage à Lyon, vint rendre quelques visites à Mlle du Châtelet, momentanément pensionnaire chez ces religieuses. On se souvient que Mlle du Châtelet était liée d'amitié avec Mme de Warens. Jean-Jacques relate ces entrevues dans une page de ses *Confessions*, et nous allons la transcrire, à l'intention de nos lecteurs.

« Je n'allais pas tout à fait à Lyon sans vues, dit-il. En arrivant, j'allais voir aux Chazottes Mlle du Châtelet, amie de Mme de Warens, et pour laquelle elle m'avait donné une lettre.... Ainsi c'était une connaissance déjà faite. Mlle du Châtelet m'apprit qu'en effet son amie avait passé à Lyon, mais qu'elle ignorait si elle avait poussé sa route jusqu'en Piémont, et qu'elle était incertaine elle-même en partant si elle ne s'arrêterait point en Savoie; que si je voulais elle écrirait pou. en avoir des nouvelles, et que le meilleur parti que j'eusse à prendre était de les attendre à Lyon. J'acceptai l'offre; mais je n'osais dire à Mlle du Châtelet que j'étais pressé de la réponse, et que ma petite bourse épuisée ne me laissait pas en état de l'attendre longtemps. Ce qui me retint n'était pas qu'elle m'eût mal reçu ; au contraire, elle m'avait fait beaucoup de caresses, et me traitait sur un pied d'égalité qui m'ôtait le courage de lui laisser voir mon état, et de descendre du rôle de bonne compagnie à celui d'un malheureux mendiant.

.... Je restai à Lyon sept ou huit jours encore pour attendre la commission dont *maman* avait chargé Mlle du Châtelet que je vis durant ce temps-là plus assidûment qu'auparavant, ayant le plaisir de parler avec elle de son amie, et n'étant plus distrait par ces cruels retours sur ma situation qui me forçaient de les cacher. Mlle du Châtelet n'était ni jeune ni jolie, mais elle ne manquait pas de grâce ; elle était liante et familière, et son esprit donnait du prix à cette familiarité. Elle avait ce goût de morale observatrice qui porte à étudier les hommes ; et c'est d'elle, en première origine, que ce même goût m'est venu. Elle aimait les romans de Le Sage, et particulièrement Gil-Blas : elle m'en parla, me le prêta ; je le lus avec plaisir ; mais je n'étais pas mûr encore pour ces sortes de lectures : il me fallait des romans à grands sentiments. Je passais ainsi mon temps à la grille de Mlle du Châtelet avec autant de plaisir que de profit ; et il est certain que les entretiens intéressants et sensés d'une femme de mérite sont plus propres à former un jeune homme que toute la pédantesque philosophie des livres. Je fis connaissance aux Chazottes avec d'autres pensionnaires et de leurs amies, entre autres avec une jeune personne de quatorze ans, appelée Mlle Serre, à laquelle je ne fis pas alors une grande attention, mais dont je me passionnai huit ou neuf ans après, et avec raison, car c'était une charmante fille.... »

Du monastère des Chazeaux, un corps de bâtiment enjambant la montée Saint-Barthélemy, comme un pont, communiquait dans les clos Jaricot et Roccofort. Cette voûte a disparu depuis la réfection de la montée; mais elle est reproduite dans un petit dessin de Paul Saint-Olive.

L'escalier des Chazeaux longe la muraille septentrionale de l'ancien hôtel de Mandelot, et par deux cent trente degrés descend dans la rue du Bœuf.

La raideur de cet escalier lui avait valu le nom caractéristique de *Tire-Cul* qui s'est conservé officiellement jusqu'à une époque assez rapprochée de nous.

Nos pères, usant peu de la périphrase, avaient l'habitude d'appeler les choses par leur nom; pour eux, un chat était un chat, et cet escalier fatigant était le Tire-Cul.

On y voyait quelques hôtels avec jardins en terrasse. C'étaient, pour la plupart, des villas de plaisance où nos négociants et nos magistrats venaient se délasser de leurs travaux. Un opuscule de l'année 1781 rapporte l'anecdote suivante.

« M. G.... a donné à dîner avant-hier, dans son jardin de Tire-Cul. Ce dîner a fait grand bruit; il n'y avait que huit convives, entre autres trois comtes de Lyon. Tout ce qu'il y a de somptueux en poissons de mer et d'eau douce se trouvait sur la table. On a bu de vingt-quatre sortes de vins, tous excellents. Enfin on s'attend à ce que les huit convives seront indubitablement dans le cas d'avoir recours à la pharmacie de l'amphyrion. »

Quel était ce M. G....qui traitait si bien ses invités, surtout les nobles chanoines de Saint-Jean ? La chronique laisse supposer que c'était le principal apothicaire de Lyon.

L'ancien hôtel de Villars est à l'autre angle de la montée des Chazeaux ; il fut cédé aux religieuses de la Providence qui recueillaient les jeunes filles orphelines exposées aux tentations du mal. En 1801, il fut occupé par le Grand-Séminaire, puis par des religieuses carmélites. Actuellement, il est affecté à l'Œuvre des convalescentes. On y remarque un portail d'un aspect vraiment monumental.

En face de cet escalier, voici les clos Jaricot et Roccofort, dont l'entrée est ornée d'une belle et longue grille. Là se trouvait l'ancienne maison de Bel-Air, habitée d'abord par des religieuses bénédictines, puis par un pensionnat de demoiselles, et enfin démolie pour faciliter les avenues des clos.

Ces deux propriétés, acquises par la commission de l'Œuvre de Fourvière, servent de passage abrégé pour atteindre le sommet du plateau. Les ouvriers qui travaillaient à leur aménagement actuel découvrirent dans la partie supérieure une mosaïque et les débris d'une villa romaine enfouie sous plusieurs mètres du terrain éboulé lors de la chute du Forum de Trajan.

Les clos sont sillonnés par des allées à lacets, dont la pente aurait pu, ce nous semble, être plus doucement ménagée. Elles sont bordées d'un chemin de croix, dont chaque station est de très bon goût et présente un aspect archaïque. Des bancs de repos sont disposés pour les promeneurs et pour les pèlerins.

Le parcours est charmant. On est au milieu de jardins et sous l'ombrage de beaux arbres ; la vue est récréée par un panorama qui s'agrandit au fur et à mesure que l'on approche du sommet. Cette verdure, ces pelouses et ces bosquets forment un ravissant manteau à la sainte colline et un magnifique piédestal à l'antique chapelle et à la nouvelle église.

La maison qu'habitait Mlle Jaricot était l'ancien château de Bréda, qui peut-être tire son nom de ce que des juifs hollandais, fixés à Lyon, y avaient établi une synagogue. Plus tard, elle appartint à M. Deville, chanoine et prévôt de l'église collégiale de Saint-Just, vicaire-général d'Alphonse de Richelieu, archevêque de Lyon.

On prétend qu'elle servit de résidence à la belle Gabrielle d'Estrées, maîtresse de Henri IV, pendant le premier voyage que ce souverain fit à Lyon. Les deux amants étaient rapprochés l'un de l'autre : on se souvient que le roi logeait à l'hôtel de Mandelot.

Cet immeuble est embelli d'une jolie tourelle à

pans coupés faisant saillie sur la façade. A une communauté des ursulines de Sainte-Philomène, qui y dirigeaient un pensionnat de jeunes filles, ont succédé les capucins du monastère des Brotteaux. Ces religieux ont été chassés de leur maison à la suite des décrets du 29 mars.

L'ancien et vaste couvent des récollets se trouve un peu plus bas, sur l'ancien ténement de Belle-Grève, dans une maison que Marie de Médicis acheta pour eux en 1623. L'entrée est remarquable par sa hardiesse et sa solidité; elle est du frère Valérien, membre de cet ordre et habile architecte. Le frère Luc, du même ordre, a peint quelques-uns des tableaux qu'on voyait dans l'église. Le réfectoire était orné d'un beau tableau de Sarrabat, qui y fit aussi des peintures à la fresque.

Ce couvent, qui servit d'infirmerie pendant le siége de Lyon, et qui est habité actuellement par des ouvriers de différents états, est d'une malpropreté repoussante : l'odorat en même temps que les yeux en est péniblement affecté. L'ancienne sacristie, située dans la cour, où l'on accède par une rampe de méchants escaliers, est aujourd'hui consacrée au culte discret de la déesse Stercora.

CHAPITRE XI

LES LAZARISTES ET LES GONDI

oici le vaste pensionnat des Frères de la doctrine chrétienne. Les bâtiments modernes sont construits sur le ténement de la Thibaudière, acquis des Mascrani par les missionnaires lazaristes, en 1668. On y remarque une fort belle chapelle et une magnifique salle de réception. Sans cachet architectonique, ils s'étagent sur le flanc de la colline. Les jardins se prolongent jusque sous l'esplanade de la providence Caille et de la nouvelle église de Fourvière.

Sous la Restauration, avant l'arrivée des Frères en ce lieu, la vieille maison et la vieille église des lazaristes furent occupées par les écoles mutuelles fondées par l'initiative de M. Bailleul, ex-capitaine d'artillerie sous le premier empire.

Lors de la construction de quelques-uns de ces nouveaux bâtiments, en 1845, on découvrit dans une cachette souterraine un écrin qui renfermait divers bijoux, ayant appartenu, sans doute, à quelque grande dame romaine. Offerts gracieusement par les Frères à notre Musée, ils sont déposés dans un précieux médaillon qui orne notre cabinet des Antiques.

En face de cet établissement aboutit le long et sinueux escalier du Garillan, semblable à celui des Chazeaux. Il part de la place du Petit-Collége.

On y voit l'ancien hôtel des Gondi, famille italienne fixée à Lyon depuis le xvi⁰ siècle, et qui fournit plusieurs illustrations à la banque, au clergé, à l'armée. Elle fut la souche d'où sortirent le duc de Retz et le fameux et remuant coadjuteur de Paris, sous la Fronde.

A ces nobles hôtes, avaient succédé des religieux destinés à la conversion des femmes hérétiques et à l'instruction des nouvelles converties.

Ces religieux ocupaient aussi deux maisons voisines, dont l'intérieur est à visiter pour leur style du xvii⁰ siècle et leurs terrasses superposées.

Depuis la vente de ces immeubles, comme biens nationaux, on y voit des ouvriers en soie, un atelier où l'on travaille le cuivre, un épicier, un marchand de charbons, un petit cabaret, et un gymnase civil, Mais les armoiries et tout ce qui pouvait rappeler les Gondi ont disparu sous le marteau de la bande noire.

Un mouleur en plâtre et en carton-pierre habitait aussi cette maison. Il y a laissé une de ces œuvres : c'est l'ébauche d'un cartouche de trois mètres de haut, représentant les armes de la ville d'Annecy, qui ont été sculptées sur le fronton du nouvel hôtel de la Préfecture de la Haute-Savoie, construit sous la direction de M. Léon Charvet, architecte de talent.

Bien composé, bien exécuté, ce cartouche est mutilé dans quelques-unes de ses parties : tout ce qui rappelait le souvenir de l'Empire a été brutalement brisé par de sinistres idiots, pendant les mauvais jours qui suivirent le Quatre-Septembre 1870.

De l'établissement des Frères jusqu'à Fourvière, la montée Saint-Barthélemy est bordée de boutiques d'objets de piété, chapelets, cierges, bras, jambes, cœurs en cire, tableaux, couronnes, *ex-voto* de toute nature, dont les fidèles font emplète en montant à la chapelle vénérée. Pour se réconforter dans cette ascension, ces derniers y trouvent aussi café, liqueurs et le populaire *coco*....

Naguère encore, la montée était littéralement encombrée de mendiants. Les uns exhibaient les plaies les plus hideuses et des infirmités de toute nature, vraies ou supposées ; les autres, manchots, boiteux, culs-de-jatte, se traînaient péniblement, couverts de guenilles sans nom, mais offrant de curieuses études à l'observateur et à l'artiste; ils imploraient d'une voix nasillarde et sur tous les tons la pitié des passants. C'était comme la cour des Miracles !...

Dans ce quartier, habitait un vieux type bien connu des gens de notre génération. Le bon papa Guérin tenait boutique de ces emblèmes de dévotion. Tous les jours, à trois heures de l'après-midi, il fermait sa porte et descendait au théâtre des Célestins où il jouait les *pères nobles* et les *vieilles ganaches*, jusqu'à minuit qu'il remontait dans ses pénates. C'est de lui qu'on pouvait dire :

> Le matin catholique et le soir idolâtre,
> Il dîne de l'autel et soupe du théâtre.

La montée du Gourguillon ; celle du Chemin-Neuf aussi bien que celles de l'Antiquaille et de Fourvière revendiquent l'honneur d'avoir été habitées par le papa Guérin. Malgré toutes nos recherches, nous n'avons pu réussir à élucider cette grave question. Sept villes de la Grèce ne se disputaient-elles pas la gloire d'avoir vu naître le vieil et divin Homère ?....

Un autre type, populaire aussi parmi nos artistes, c'était le vieux père Tranquille.

Le père Tranquille était un mendiant assis sur une borne, non loin de la boutique du comédien marchand de bon dieu ; il ne demandait pas l'aumône, mais il ne craignait pas de recevoir une pièce de monnaie. Sa belle tête encadrée de longs cheveux blancs et d'une vénérable barbe qui tombait en éventail sur sa large poitrine, lui valait le plus clair de ses revenus : il posait comme modèle à l'école des Beaux-Arts, et chacun des nombreux élèves a eu l'honneur de reproduire ses nobles traits.

A l'école Saint-Pierre, c'était le Père éternel, Moïse, Jupiter ou autres illustres personnages barbus; il a posé pour Thomas Morus dans sa prison, œuvre de Claudius Jacquand, appendue dans la galerie des peintres lyonnais. Sur une borne, c'était le vieux mendiant qui, le chapeau à la main ou sur ses genoux, souhaitait le bonjour à tout le monde, particulièrement aux femmes et aux enfants. « Soyez bien sages, mes petits enfants, et obéissez à vos mamans ! » Tel était le refrain habituel du père Tranquille, dont nul ne connaît le véritable nom ni le lieu de naissance.

CHAPITRE XII

PILATA ET OTTAVIO MEY

PRÈS l'escalier du Garillan, on trouve l'escalier du Change, et plus bas, en face, quelques débris de murailles et de caves, des espaces vagues, des terrasses et des jardins abandonnés où croissent pêle-mêle et sans culture des plantes et des herbes de toutes sortes. Ces ruines proviennent de plusieurs immeubles démolis, dans le but, croyons-nous, de démasquer les principales façades de l'établissement des lazaristes. Que fera-t-on de ce terrain qui offre à l'œil des voisins et du public un aspect si déplorable ?

A la suite, voici de grandes et solides maisons d'ouvriers, puis celle plus importante de Pilata, qui appartient à la communauté des PP. maristes. Cette maison dont les dépendances et les jardins se prolongent parallèlement au clos des lazaristes, fut construite par un de ces Florentins qui, au xvii⁰ siècle, avaient importé à Lyon l'industrie de la soie, par Ottavio Mey, devenu possesseur d'une grande fortune.

Ce fut lui, qui, par un heureux hasard, inventa l'art de lustrer la soie et de lui donner cet éclat qu'on ne lui connaissait pas auparavant.

Cette maison, fondée en 1640, prit le nom de son gendre, Guillaume Puilata ou Pilata. Elle était somptueusement décorée et renfermait de beaux tableaux et une riche collection d'antiquités, dont la pièce la plus précieuse était le fameux bouclier en argent trouvé dans le Rhône, près d'Avignon. Ce bouclier, que l'on prétend être celui d'Annibal, représente, soit la dispute d'Achille et d'Agamemnon pour la belle Briséïs, soit la continence de Scipion-l'Africain, fut offert à Louis XIV par Puilata lui-même, lorsque le roi visita cette résidence en 1658. Il occupe une place d'honneur au musée des Antiques à Paris.

La façade principale de cette habitation est bâtie sur l'emplacement de l'ancienne recluserie et de la chapelle Saint-Barthélemy.

Aux Mey et aux Pilata succédèrent les Rivérieux et plusieurs autres familles avant d'arriver, en 1763, à la famille Lortet. La loge maçonnique de Pilata, dite: *Union* et *Confiance*, s'y installa plus tard, et y resta jusqu'en 1838, époque où la propriété fut achetée par la congrégation des PP. maristes, qui venait de se fonder. C'est la maison-mère de cet ordre qui fournit des missionnaires à toutes les parties du monde.

De là partaient ces hommes dévoués qui, avec la parole de l'évangile, allaient porter la civilisation chez les peuples sauvages, la plupart anthropophages. Tant de vertus et de dévouement ne purent les mettre à l'abri des rigueurs des décrets du 29 mars !

Pilata est composée de deux maisons superposées, l'une sur la montée, l'autre en retrait sur la colline. Un escalier conduit au sixième étage de la première, qui se trouve conséquemment le rez-de-chaussée de la seconde. Une grande salle de réception a gardé l'aspect qu'elle avait sous les francs-maçons ; à l'une de ses extrémités, la porte flanquée des deux colonnes symboliques, donne accès dans le temple; à côté, sont les petits placards où chaque F.·. renfermait son tablier et ses autres insignes. On y verra aussi la trappe qui servait aux épreuves des adeptes...

Au-dessus des bâtiments, sur les flancs de la colline, sont disposées de très belles terrasses qui servaient de promenoirs aux anciens propriétaires, aux francs-maçons et à leurs successeurs, les PP. maristes.

L'angle de la montée Saint-Barthélemy et de la montée des Carmes-Déchaussés est formé par l'ancien château de Milan, aujourd'hui maison d'ouvriers.

On suppose que Claude Paterin, qui fut chancelier

du Milanais pendant l'occupation française sous Louis XII, et qui avait acquis dans cette charge une immense fortune, fut le fondateur de ce château. Mais ce qui est positif, c'est qu'un blason placé sur la façade du château de Milan indique que cette habitation appartint aux Galas, famille noble du Forez.

Une ancienne porte d'allée, placée à plus de trois mètres de hauteur, par suite de l'abaissement du sol, présente un spécimen assez vulgaire du style de la renaissance.

Nous sommes arrivé au bas de la montée Saint-Barthélemy, près de la nouvelle gare de Saint-Paul, là où commence l'ancien escalier des Grands-Capucins, aujourd'hui des Carmes-Déchaussés.

CHAPITRE XIII

LES CARMES-DÉCHAUSSÉS

ET escalier, nous allons le gravir et pousser jusqu'au rocher de Pierre-Scize, qui sera le terme de nos promenades sur la montagne de Fourvière.

Nouvellement rectifié, il se compose d'une double rampe qui en facilite l'ascension. Le côté gauche présente une des façades du château de Milan et une haute terrasse des jardins de Pilata ; l'autre côté offre les restes de vieilles maisons, démolies en partie lors de l'établissement du chemin de fer de Montbrison et de la gare Saint-Paul.

Parmi ces anciennes habitations, dont l'une a été appropriée à l'installation d'un des services administratifs de la compagnie, celle des Gadagne était la plus considérable. Les Florentins établis à Lyon y tenaient leurs assemblées. Elle fut acquise par les capucins qui s'y établirent en 1574, sous la conduite du frère Jérôme.

Leur église, très belle et luxueusement ornée, grâce aux dons de l'opulent banquier Pompée Porroz et des autres Florentins, ses compatriotes, fut détruite sous la Révolution et les bâtiments du couvent divisés entre plusieurs particuliers. Une partie de ces bâtiments, réduits de moitié par suite des travaux du chemin de fer, a reçu une providence de jeunes filles, dite l'orphelinat de Bethléem, et une salle d'asile pour les petits enfants du quartier. Leurs jardins, très élevés au-dessus de la gare, et bordés d'un parapet, s'étendent jusqu'au mur de clôture du couvent des Carmes-Déchaussés.

La plupart de ces habitations appartenaient à l'administration des Hospices ; elles avaient un aspect fort pittoresque par leur vétusté, leurs ouvertures irrégulières, leurs intérieurs de cour, leurs escaliers, surtout par une haute tour carrée, couverte de lierre de la base au sommet.

En haut de notre double escalier, on se trouve de plain-pied sur une espèce de petit plateau étroit et allongé, au-dessus des rochers du quartier de Bourgneuf. A droite, s'ouvre la rude et tortueuse montée des Anges.

Cette montée est à peu près abandonnée aujourd'hui en faveur du passage Gay, dont l'entrée est à quelques pas plus loin. Véritable casse-cou, en temps de pluie, c'est un torrent; dans l'été, on étouffe entre ses murailles. Jadis, elle se nommait Gratte-Cul.

Elle tire son nom actuel de Nicolas de Langes, riche bourgeois qui, au xvie siècle, y possédait une maison, appelée l'Angélique. Il réunissait chez lui l'élite de la société lyonnaise, des savants, des écrivains, des poètes, les Duchoul, les Sève, les Peyrat, les Symphorien Champier, etc; au milieu d'eux, brillaient Clément Marot, Pernette du Guillet, Louise Labbé, et autres illustrations de ce siècle de la renaissance des lettres et des arts.

Le couvent des Carmes-Déchaussés, vulgairement des Carmes-Déchaux, se trouve en face du passage Gay sur de doubles terrasses qui longent les rochers de Bourgneuf. Il offre un bel aspect dû aux lignes artistement irrégulières de ces bâtiments surmontés d'un élégant clocheton. Un large escalier de douze marches descend dans la cour qui précède l'église. La façade rappelle le style du xviie siècle; elle est ornée d'un écusson aux armoiries de l'ordre et de cette inscription : *dedisti nobis signum protectionis*. Dans le sanctuaire, à une seule nef, s'ouvrent quatre chapelles latérales. Sa bonne tenue, ses tableaux, surtout sa chaire en bois sculpté, la recommandent aux gens de goût. On remarque aussi les blasons des familles qui firent des dons à l'ordre des carmes et furent ses protecteurs.

Le plateau, qui sert d'assise au couvent, se nommait jadis le ténement de Thunes; on y voyait la fausse porte de Confort, l'ancienne chapelle de Sainte-Madeleine, un petit hospice et un cabaret où le populaire allait se divertir et souvent y dépasser les bornes de la tempérance, en compagnie de filles de mauvaise vie. De là, le nom de *faire Thunes* pour exprimer qu'on avait pris part à des plaisirs dissolus et qu'on avait fait bombance. *Faire Thunes* était l'équivalent de *faire Ripaille*, locution qui prit naissance de la vie prétendue licencieuse que le duc de Savoie menait avec ses compagnons de retraite dans la magnifique abbaye de Ripaille située sur les bords du lac de Genève.

Ce chemin était autrefois très fréquenté, soit par les familiers et les hommes d'armes du chapitre de Saint-Jean en rapports incessants avec le château-fort de Pierre-Scize, résidence des archevêques, soit par les officiers du gouverneur de la ville, depuis l'époque où la forteresse fut convertie en prison d'Etat.

Le couvent des Carmes-Déchaussés, assis dans une position si avantageuse, fut fondé, en l'année 1617, sur un terrain acheté par Philibert de Nérestang en faveur de cet ordre; ce seigneur le dota en outre d'une rente pour l'entretien de huit religieux. Le marquis d'Halincourt, gouverneur de Lyon, contribua aussi à la fondation du couvent; il y employa son crédit et lui constitua un revenu de mille livres. La ville de son côté, lui accorda quelques priviléges pour les services que les religieux rendirent à la population durant la peste qui la décima en 1628.

Pendant la tourmente de 1792, les carmes furent renvoyés dans leur famille et la communauté aliénée comme bien national. Les bâtiments servirent à différents usages jusqu'au moment où la ville les loua et les disposa pour caserner les troupes de passage. En 1848, ils furent occupés par une bande de Voraces, qui s'y trouvaient bien, à ce qu'il paraît, car on eut de la peine à les en faire déguerpir. L'ordre des carmes les racheta, et les religieux s'établirent de nouveau dans leur ancienne propriété, après l'avoir entièrement restaurée.

A la suite du Quatre-Septembre 1870, et en vertu d'un arrêté de l'autorité révolutionnaire, les religieux durent encore une fois abandonner leur demeure et se disperser devant une troupe de Garibaldiens, qui y commirent d'ignobles déprédations. L'église surtout fut littéralement ravagée, ses confessionnaux souillés, les bénitiers remplis d'ordures. — Notre devoir d'historien nous donne le courage de dévoiler toutes ces turpitudes.

Les carmes ne tardèrent pas à rentrer en possession de leur maison; mais la ville dut leur payer une forte indemnité en raison des dégâts commis par les envahisseurs. Mais ils n'étaient pas au bout de leurs tribulations. En vertu des décrets du 29 mars, le commissaire spécial, le commissaire de police du quartier de Pierre-Scize, assistés de nombreuses escouades d'agents et de gardiens de la paix, pénétrèrent violemment dans le monastère, arrachèrent les religieux de leurs cellules et les jetèrent dans la rue. Les scellés furent apposés sur toutes les portes....

Vis à vis du couvent, une porte, style du xvie siècle, donne accès dans une vieille habitation de plaisance de la famille des Mascrani. Flanquée de deux pavillons carrés et percée de fenêtres à croisillons, elle est occupée actuellement par un orphelinat, dit de Marie-Joseph.

Le chemin de Montauban, qui fait suite à la montée des Carmes, est encaissé par de hautes murailles qui bornent l'horizon aux promeneurs. C'est à peine si à travers la grille d'une maison et de son jardin l'œil peut saisir furtivement une échappée du paysage. A la suite, se trouve la communauté des dames des Missions-Étrangères, où sont formées des religieuses destinées à aller dans les îles de l'Océanie instruire les jeunes enfants dans les vérités de la foi chrétienne.

A un coude assez prononcé, le chemin descend pour remonter ensuite, après avoir laissé sur la droite l'escalier de la Chana qui, par une étroite dépression de la colline, va tomber sur le quai de Bourgneuf. Il passe entre un restaurant établi sur la plate-forme du rocher, à l'ombre de beaux arbres, et la communauté de Montauban, la *Solitude,* où l'on retire les jeunes filles insoumises. Il finit par déboucher devant la partie supérieure du rocher de Pierre-Scize.

De là, part la muraille d'enceinte qui monte à Loyasse et à Saint-Just. Elle est coupée par un pont-levis livrant passage au chemin de Montauban qui va s'embrancher au chemin du Greillon.

A gauche, le long escalier de la Sarra qui longe la muraille, vous conduit sur le plateau du même nom; à droite, il vous fait descendre sur le quai de la Saône, que maintenant nous allons parcourir à son tour, avant de pénétrer dans les vieux quartiers de Saint-Paul, de Saint-Jean et de Saint-Georges.

CHAPITRE XIV

LE CHATEAU DE PIERRE-SCIZE

our le voyageur qui entre à Lyon par les faubourgs de Vaise ou de Serin il lui est difficile de rencontrer un tableau plus varié, plus émouvant, plus complet que celui qui se présente à ses yeux émerveillés.

Enserrée par les montagnes de Fourvière et de la Croix-Rousse, la vue ne peut s'égarer hors de ce cadre naturel qui lui permet de saisir tous les détails du tableau, et quels détails !

Sur l'une et l'autre rive de la Saône qui se déroule en gracieuses sinuosités et semble retarder son cours comme pour dire un éternel adieu aux belles contrées qu'elle vient d'arroser, et comme si elle hésitait à pénétrer dans la ville, où elle concourt à sa prospérité commerciale, avant d'aller se perdre dans le Rhône; sur ces rives, disons-nous, des rochers crevassés, sillonnés de profondes anfractuosités, aux reflets métalliques; de vieilles maisons accroupies à leurs pieds; çà est là des habitations d'un caractère plus moderne; les cheminées de quelques usines de teinturiers et de la Manutention militaire; les immenses bâtiments des casernes de Serin primitivement grenier d'Abondance; l'école Vétérinaire, bâtie sur le terrain qu'occupait le monastère des Deux-Amants ou des religieuses de Sainte-Élisabeth; la nouvelle église de l'Observance, pastiche de l'architecture grecque et qui a remplacé un vrai bijou de l'architecture ogivale du xve siècle; le fort Saint-Jean, étrange amalgame d'anciennes et de nouvelles constructions reposant sur un énorme promontoire granitique, rival de celui de Pierre-Scize; le fort et les murailles crénelées de Loyasse; la statue légendaire de l'Homme de la Roche, abritée sous une grotte naturelle d'où s'échappent de légers filets d'eau et devant laquelle se balancent au gré des vents de longs festons de verdure; les quais nouvellement construits et pleins de vie, grâce au mouvement continuel des véhicules de toutes formes, depuis le breack du riche citadin, jusqu'aux jardinières du villageois, jusqu'aux omnibus, aux tramways, aux lourdes charrettes et aux camions du commerce; la Saône aux doux contours est animée elle aussi, par des embarcations de toutes sortes, par les *Mouches*, les *Guêpes* et les *Hirondelles* qui volent légères sur les eaux, par les paquebots à vapeur et les remorqueurs entraînant lentement à leur suite une longue file de bateaux pesamment chargés ; sur les hauteurs, des villas de plaisance, la pittoresque promenade des Chartreux, des terrasses à arcades, d'étroites corniches de rochers, de plain pied avec les derniers étages de quelques maisons et que l'industrie des habitants a su transformer en autant de parterres ; des touffes de saxifrages aux teintes variées, des arbres, des jardins suspendus, de superbes perspectives sur la ville noyée dans une vapeur bleuâtre d'où émergent les tours et les flèches des églises, le dôme élégant des Chartreux, la coquette campanille des Carmes-Déchaussés, et la Vierge-Immaculée de Fourvière dont les tours dorées resplendissent aux rayons du soleil ; tous ces éléments, redirons-nous, concourent à faire de cet ensemble un tableau empreint d'une sublime poésie : c'est un paysage enlevé à la terre classique d'Italie et encadré au sein de notre ville bien-aimée, déjà si riche en beautés de ce genre.

Le point saillant de ce tableau est le rocher de Pierre-Scize, placé au flanc de la montagne de Fourvière, de laquelle il est séparé, dans sa partie supérieure, par une dépression naturelle pratiquée dans le granit et que la main de l'homme a creusée plus large et plus profonde, tandis que du côté du nord et du côté de l'orient, il présente des escarpements à pic.

Ce rocher se reliait primitivement à celui du fort

Saint-Jean; l'un et l'autre furent séparés par suite des violentes commotions géologiques qui modifièrent la surface du globe et lui donnèrent sa forme actuelle. Entre eux, on ne voyait que cette fissure resserrée qui se prolonge jusqu'à Saint-Paul et à Saint-Vincent, et au milieu de laquelle coulent maintenant les eaux de la rivière.

Jusqu'à l'arrivée des Romains à Lugdunum, ce lieu ainsi étranglé resta, selon toute apparence, impraticable à l'homme.

Nos anciens chroniqueurs prétendent qu'Agrippa, gendre de l'empereur Auguste, fit couper le rocher à sa base afin de conquérir l'espace nécessaire à l'établissement d'une des quatre grandes voies militaires qui partaient du cœur de la cité et se dirigeaient aux extrémités de la Gaule.

De là, le nom de *Petra incisa*, *Petra scissa*, Pierre-encise, Pierre-Scize, donné depuis lors à ce rocher.

Une position si favorable à la défense des abords de la cité dut engager les anciens conquérants à asseoir là les fondations d'une puissante forteresse.

Après l'expulsion des Romains, elle fut occupée par les premiers rois burgondes, qui avaient fait de Lyon une de leurs capitales.

En l'année 1157, les archevêques de Lyon, s'étant imposés comme seigneurs de la cité et de la province, Pierre-Scize devint une de leurs nombreuses propriétés. Cette forteresse pouvait leur servir, soit à tenir la ville en bride, soit à la défendre contre l'ennemi extérieur. Mais la première fois qu'il est bien nettement question de ce château, c'est dans un obituaire de l'église de Lyon, où l'on voit que l'archevêque Renaud II, mort en 1226, y ajouta de nouvelles fortifications. Il ne fit donc que le réparer, que l'agrandir, que l'embellir.

Plusieurs bâtiments irréguliers construits à diverses époques, une chapelle dédiée à saint Michel, des terrasses, quelques cours profondes et d'épaisses murailles, le tout dominé par un formidable donjon crénelé, constituaient l'ensemble de la forteresse épiscopale. L'entrée principale était située à la jonction du chemin de Montauban, de l'escalier de la Sarra et de la montée du Greillon. En outre, un escalier intérieur de cent vingt marches taillées sur les flancs mêmes de l'abrupt rocher partait de la porte de Pierre-Scize également fortifiée et aboutissait à une porte du château, tandis que la montée du Greillon donnait accès à une poterne extérieure.

C'est donc depuis cette restauration que nos prélats fixèrent leur résidence à Pierre-Scize, et y tinrent leur cour. De là, sont datés une foule d'actes, de traités, de transactions, de priviléges, de chartes, de testaments, lettres, mandements, indulgences, etc.; là était le dépôt des archives de l'Église. Les prélats n'en descendaient qu'aux fêtes solennelles pour se rendre dans leur palais situé dans le cloître de Saint-Jean, près de la cathédrale.

Les princes, les ambassadeurs, tous les grands

personnages qui arrivaient à Lyon étaient reçus dans ce château et traités avec honneur par les archevêques. Le roi Philippe-le-Bel y obtint de Pierre de Savoie les droits de juridiction que les prélats avaient exercés jusqu'alors sur la cité lyonnaise ; mais celui-ci se réserva la châtellenie de Pierre-Scize et le privilége de battre monnaie.

En 1468, Louis XI s'empara définitivement de Pierre-Scize, et depuis cette époque la forteresse est restée jusqu'en 1792 au pouvoir de nos rois, qui y nommèrent des gouverneurs et en firent une prison d'Etat.

Nous ne pouvons entreprendre ici de donner des détails sur tous les épisodes dramatiques, trahisons, assassinats, meurtres, dont furent témoins les cachots de cette sombre citadelle ; mais nous citerons sommairement les personnages de distinction qui y furent détenus.

Jacques d'Armagnac qui n'en sortit que pour être transféré à la Bastille, et porter sa tête sur l'échafaud ; Sforce, duc de Milan, et son frère le cardinal Ascanio ; Corneille Agrippa, Latour, Lacombe et plusieurs autres notables lyonnais qui y furent étranglés ; le capitaine Fenoyl et le baron des Adrets ; des catholiques et des protestants, des royalistes et des ligueurs ; Antoine et Imbert de Grollier ; le duc de Nemours-Savoie, dont l'évasion tient du comique ; Cinq-Mars et de Thou, qui furent livrés au bourreau et subirent le dernier supplice sur la place des Terreaux ; le duc de Bouillon, le maréchal d'Houdencourt, l'obscène marquis de Sade, enfin une foule d'hommes politiques, des écrivains, des prêtres, des nobles, etc.

Nous pourrions encore signaler les atrocités qui s'y commirent au début de la Révolution. Heureusement pour l'humanité, ce sont les dernières que l'on ait à enregistrer, et c'est à ce titre que nous en présentons l'épisode le plus lamentable : le massacre des huit officiers du régiment de cavalerie, dit de Royal-Pologne, lesquels y avaient été incarcérés sur le soupçon d'avoir voulu faire émigrer les soldats de leur régiment.

Le dimanche 9 septembre 1792, des misérables habitués de clubs, rebut de la société, revenant d'une fête soi-disant patriotique où ils s'étaient gorgés de vin et où ils avaient reçu le mot d'ordre de meneurs occultes, s'introduisirent violemment dans le château. Ils insultent le gouverneur, M. de Bellescise, désarment les quelques grenadiers qui formaient la garnison, et massacrent les malheureux officiers ; ils les décapitent, fixent leurs têtes au bout de piques, traversent la ville, entrent dans les cafés de la place des Terreaux, se portent au théâtre des Célestins, et à la sinistre lueur des torches défilent sur la scène agitant leurs sanglants trophées, au milieu des plus atroces plaisanteries....

Ces épisodes dramatiques que nous abrégeons ici, nous les avons décrits dans la *Petite Presse*; on les trouvera encore plus complets dans notre *Lyon sous la*

Révolution, ouvrage auquel nous mettons la dernière main.

Après le passage des assassins, le château fut livré à la dévastation ; tout fut pillé, même le mobilier et les objets appartenant personnellement au gouverneur, qui s'était prudemment éloigné avec sa femme et sa fille.

Le 19 octobre 1793, l'antique château-fort tomba par les ordres et sous les yeux des représentants du peuple.

Les représentants, ayant à leur tête le cul-de-jatte Couthon porté sur un fauteuil, revenaient de Bellecour où ils avaient procédé à la démolition des façades.

« Accompagnés de la municipalité, nous apprennent les journaux de l'époque, avec le style emphatique alors en usage, ils sont montés au sommet de cette tour qui fut si longtemps l'effroi du genre humain, ont rendu le ciel, impatient de la voir tomber, témoin du coup mortel qu'ils lui ont porté au nom du peuple et de l'humanité. A ce signal, des milliers de bras se sont levés pour écraser cet édifice hideux dont l'existence fit frémir la nation, et ne fut cependant qu'un des moindres crimes des rois... »

Depuis lors, depuis près de quatre-vingt-dix ans, le rocher de Pierre-Scize devint une carrière d'où l'on extrayait des matériaux à l'aide de la mine.

Chaque jour voyait s'amcindrir son importance, en même temps que disparaissaient les derniers vestiges des anciennes fortifications. Plus tard, ébranlé par les éclats de la poudre et le pic des carriers, il vit maintes fois s'écrouler des masses considérables qui obstruaient le quai, et allaient même jusque dans le lit de la Saône.

Sur l'emplacement conquis par tant de travaux d'extraction, on a construit un vaste magasin pour le fourrage destiné à la cavalerie de notre garnison.

A la suite des sanglantes journées de novembre 1831 et d'avril 1834, le gouvernement, autant pour prévenir le retour de pareils événements, que pour faire de Lyon une importante place de guerre, fit construire les forts qui entourent la ville, et ordonna l'établissement d'une redoute sur le plateau singulièrement réduit de Pierre-Scize. Cette redoute, il est vrai, ne fut jamais achevée. On y voit cependant des talus gazonnés et quelques murailles crénelées qui se relient à celles de Loyasse; de plus, le génie militaire y a placé un signal pour servir de point de repère à des études de triangulation.

CHAPITRE XV

BOURGNEUF ET LA CHANA

E quartier de Bourgneuf était sillonné d'une voie militaire, et peuplé déjà à l'époque romaine. On en a la preuve par les nombreuses antiquités trouvées dans ces lieux, lors des bouleversements de terrain que nécessitèrent la construction du quai et la restauration de quelques vieilles maisons. Le célèbre tombeau des Deux-Amants était non loin de là, en dehors de la porte de Vaise.

On voit dans les anciens plans de la ville que Bourgneuf n'était qu'une longue rue bordée d'une double rangée de vieilles habitations, les unes appliquées contre les rochers, les autres donnant sur la rivière. Outre la porte de Pierre-Scize ou de Vaise, il en existait une autre au centre de la rue : la fausse porte de Bourgneuf.

Cette artère qui se prolongeait jusqu'au pont du Change, était divisée en plusieurs sections, portant chacune un nom particulier: rue de Pierre-Scize, rue de Bourgneuf, rue du Puits-du-Sel, place de l'Homme-de-la-Roche, rue de la Peyrollerie, rue des Albergeries, place Dauphine, rue de la Saulnerie, rue de Flandre.

Elle a vu disparaître toute la ligne des maisons qui plongeaient dans la Saône; elles étaient au nombre de deux cents, et furent désignées pour tomber sous le marteau révolutionnaire. Une largeur convenable a été ainsi conquise et a permis l'établissement d'un superbe quai désigné sous le nom unique de quai de Pierre-Scize. L'architecte Morand avait conçu, dit-on, le projet réalisé par la Révolution.

On voyait jadis, au pied du rocher, à l'angle de l'escalier de la Sarra, une vieille recluserie et un modeste oratoire sous le vocable de saint Epipode, saint Epipoy, saint Pipoy.

Plus loin existait le petit prieuré de la Chana, (*monasterium de Canali*), dont l'église et les dépendances, vendues en 93, ont complètement disparu pour faire place à un immense atelier de teinture. Toutefois la source à laquelle il devait son nom n'a cessé de couler, non plus par une simple chanée de bois, mais par une borne en fonte.

Le prieuré de la Chana, autrement dit de Saint-Martin fut fondé au XIIe siècle. C'était primitivement un hôpital desservi par des filles pénitentes, sous la surveillance d'un recteur. Supprimé en 1336, et ses biens réunis au chapitre de Saint-Paul, il reçut quelques religieuses de Saint-Benoît et prit le nom de prieuré de Saint-Martin-Lepol, ou Saint-Martin-le-Noir. Mais le désordre s'étant introduit dans la communauté, elle fut dissoute. En 1531, le chapitre de Saint-Paul, voulant favoriser l'établissement de l'Aumône-générale, céda le prieuré au nouvel hospice, qui y établit les jeunes orphelins de la ville, et qui vint en aide aux pauvres du quartier de Bourgneuf, en leur faisant de fréquentes distributions de pain.

C'est par la porte de Vaise et la longue rue de Bourgneuf que les souverains faisaient leur entrée dans Lyon, quand ils venaient visiter leur bonne ville. Nous ne décrirons pas les fêtes données dans ces circonstances solennelles. Rien de fastidieux comme ces récits contemporains. Toujours des harangues et des compliments, quelquefois en latin, que le prévôt des Marchands, que les échevins, que les diverses autorités adressaient au souverain. De jeunes filles vêtues de blanc lui présentaient des couronnes et des bouquets. Outre les officiers de la cour, le cortége se composait des gens des corps de métiers, du pennonage de chaque quartier, des chevaliers du guet et des communautés religieuses avec leurs bannières et leurs insignes. Tout le long de la route, c'étaient des temples, des pyramides, des arcs de triomphe, ornés d'emblèmes et de devises symboliques. Les rues et les places que le cortège parcourait jusqu'au cloître de Saint-Jean avaient les façades de leurs maisons couvertes de tentures à grands personnages bibliques ou mythologiques, de draps blancs capitonnés de fleurs et de guirlandes de feuillage. Dans les carrefours, on donnait au bon peuple des représentations de mystères; des fontaines de vin coulaient çà et là, et des victuailles de toutes sortes étaient distribuées.

Un fort beau dessin à la gouache conservé dans nos archives publiques représente l'entrée de Louis XIII, en 1622. C'est une œuvre contemporaine; à ce titre, comme à beaucoup d'autres, elle mérite d'être consultée. Depuis quelques années, on l'a reproduite par la gravure, mais elle a été tirée à petit nombre d'exemplaires.

Voici un aperçu sommaire de ce dessin, avec l'inscription qui lui sert de légende, suivie de la description des différentes parties du cortége:

« Portraict de l'ordre auquel l'on a marché à l'entrée du roy Loys XIII dans sa ville de Lyon, et de Anne d'Autriche, le 2 décembre 1622.

« Les ordres religieux et le clergé des dix paroisses.

« Le gouverneur de Lyon, le capitaine de la ville, le sergent-major suivi des compagnies du pennonage des divers quartiers de la ville.

« Le grand prévôt, son lieutenant et ses archers.

« Les gardes des portes, capitaine en tête.

« Le capitaine des gardes. Les gardes de M. d'Halincourt, les trompettes, les pages.

« Les cent maistres de M. d'Halincourt, le lieutenant, l'enseigne, le guidon, le maréchal de logis.

« Les gardes du gouvernement, le chevalier du Guet et son lieutenant.

« Les examinateurs, enquesteurs et commissaires. Les divers officiers de la sénéchaussée et du présidial. le lieutenant-criminel de robe courte, les archers de robe courte, les carabiniers de la ville, capitaine en tête.

« L'enseigne, les enfants de ville, capitaine en tête.

« Le prévôt des Marchands, les Suisses de la garde du corps du roi, les officiers de la maison du roi, les hérauts, les pages de la chambre du roi, les gardes du corps.

« Le roi à cheval sous le dais porté par quatre consuls de la ville de Lyon, les pages du roi, les archers de la garde du corps du roi.

« La reine dans une litière à baldaquin cramoisi et rehaussée de quatre panaches blancs, et enfin les archers du corps. »

CHAPITRE XVI

L'HOMME DE LA ROCHE

 peu de distance de là, voici la statue de l'Homme de la Roche, si populaire à Lyon. Cette statue, avons-nous dit, est placée dans une anfractuosité du rocher taillé en forme de grotte, peu élevé au dessus du sol. Des touffes de vigne vierge lui forment un cadre gracieux. Plus grande que nature, elle est en pierre de Crussol. Elle représente un personnage qui tient une bourse de la main droite, et de la main gauche un parchemin déroulé; son costume rappelle l'époque de François Iᵉʳ. C'est Jean Cléberger, dit le *bon Allemand*, qui aurait légué une certaine somme destinée à constituer chaque année une dot pour marier les filles pauvres et sages du quartier.

Cette statue, œuvre de Bonnaire, fut érigée en

l'année 1849, partie aux frais de la ville, partie avec le produit d'une souscription publique. Ce fut un jour de fête pour le quartier.

Elle en remplace une autre qui était placée au-dessus de la grotte, sur une corniche du rocher, et qui datait de 1820. Cette dernière était taillée dans un tronc d'orme, habillée en guerrier romain et enluminée de couleurs voyantes. C'était le chef-d'œuvre d'un nommé Mouton. Nous en avons vu les débris; la pluie avait délavé la peinture, un bras était tombé, une jambe avait disparu ; mais on y avait suppléé par un morceau de bois, en façon de béquille. Ce pauvre Homme de la Roche ainsi mutilé, défiguré, était d'un grotesque achevé. Lui-même avait succédé à plusieurs autres effigies du même genre, depuis une époque fort incertaine.

La statue qui précéda celle-là était encore plus bizarrement accoutrée et plus naïvement exécutée; elle remontait au milieu du siècle passé. L'artiste s'était procuré un gros tilleul dont le tronc se divisait en deux branches. Ces deux branches devinrent les jambes de la statue, qui ressemblait à un compas ouvert; le tronc servit à façonner le corps et la tête; les bras étaient à l'avenant.

Fier de son œuvre, le sculpteur devint fou de joie et d'orgueil, et finit, dit-on, par en mourir. Heureuse mort cependant !.. Quoi de plus beau que de mourir ainsi en pleine illusion, avant que les mécomptes soient venus, avant que le songe soit évanoui?..

Plusieurs écrivains ont mis en doute que cette statue représentât Jean Cléberg; ils s'appuient sur l'absence de documents authentiques.

« On ne trouve nulle part, dit M. Morel de Voleine, que Jean Cléberg ait habité le quartier de Bourgneuf, ni qu'il ait doté de son vivant les filles pauvres du faubourg. Il est probable que la tradition de l'Homme de la Roche se rattache à un autre personnage antérieur sur lequel les commentaires se sont déjà exercés »

Les actes consulaires, disent d'autres auteurs, sont muets sur Cléberg. Le *Formulaire récréatif de Bredin le cocu*, imprimé en 1594, est le plus ancien ouvrage où il soit question de l'Homme de la Roche; mais on n'y trouve rien de relatif au personnage dont il était destiné à retracer le souvenir; on y voit seulement que c'était un guerrier. Il n'est donc pas rigoureusement démontré que ce fut à Jean Cléberg qu'on ait, dans le principe, élevé à Bourgneuf la statue dont l'origine, la date et le nom sont restés inconnus, malgré les recherches et les savantes dissertations des chroniqueurs lyonnais.

Quoi qu'il en soit, Jehan Kleberger ou Cléberg naquit à Nuremberg, en 1486. Son père était négociant; il plaça son fils dans une riche maison de commerce, qui avait un comptoir à Lyon. Cléberg arriva dans notre ville en 1532. Ayant acquis une grande fortune par suite d'heureuses spéculations, il reçut le droit de bourgeoisie et fut élevé aux honneurs de l'échevinage. Il se maria avec dame Pelonne de Bouzin, qui lui apporta le domaine de la Tour des Champs, plus tard Tour de la *Belle-Allemande*. Il fit construire une maison à Saint-Irénée et acheta la seigneurie de Villeneuve du Châtelard et de Chavagneux en Dombes.

Ajoutons qu'ayant prêté de l'argent à François 1er, il fut honoré de l'amitié de ce monarque et reçut le titre de valet de chambre ordinaire du roi. Il mourut en 1546 dans sa maison de Saint-Ambroise, sise place du Plâtre, à l'endroit où s'élève aujourd'hui la maison Tolozan.

Dans son testament, on ne trouve aucune trace des bienfaits que Cléberg aurait répandus dans le quartier de Bourgneuf. Aucun auteur du temps n'en a parlé. L'acte de ses dernières volontés ne fournit pas la moindre induction favorable à cette supposition. Il y disposa de sa fortune en faveur de sa femme et de son fils, et ne laissa des marques de souvenir qu'à ses parents et à ses amis. Le seul don qui soit une œuvre de charité est celui qu'il a fait de la somme de quatre mille livres à MM. les recteurs de l'Aumône générale.

Au desus de l'Homme de la Roche, sur la crête des rochers, on remarque un grand mur de terrasse consolidé par plusieurs arceaux allongés, d'un très-bel effet au point de vue pittoresque. Il soutient les jardins et la maison des dames des Missions-Étrangères qui prend entrée dans le chemin de Montauban. Cette habitation appartenait au milieu du siècle dernier à M. Prost de Royer, avocat, lieutenant-général de police à Lyon. Elle fut construite par le célèbre architecte Thibière qui déploya beaucoup de goût dans son ornementation et en traça lui-même les jardins.

A côté de cette communauté, voici le couvent des Carmes-Déchaussés, dont nous avons déjà fait la description. Sur une pointe du rocher, s'élève un ancien petit pavillon carré à fenêtres croisillonnées, au toit à quatre pentes et surmonté de deux petites croix; c'est une dépendance du couvent. Au point de vue artistique, c'est un des plus jolis détails du merveilleux tableau que nous venons de décrire.

Au bas se trouvaient quelques grosses maisons, résidences de la bourgeoisie lyonnaise au XVIe et au XVIIe siècle; deux d'entre elles montrent une façade percée d'ouvertures à plein cintre et ornées de pierres à bosselage, réminiscence de la lourde, mais majestueuse architecture florentine.

Une autre maison qui appartenait aux Hospices, en vertu d'un legs de Barrieu, dit Maisonnette, en 1676, montrait, gravés au-dessus de la porte, ces trois mots: *domus omnis virtutis*.

Ces maisons, remarquables par des motifs d'architecture et des sujets sculptés avec une rare élégance, viennent de disparaître par suite des démolitions tentées en vue de dégager les abords de la nouvelle gare Saint-Paul.

En effet, leur disparition a ouvert aux yeux une perspective d'autant plus belle qu'elle est inattendue. Du quai, on aperçoit les énormes murailles en arcatures placées contre la montagne, l'entrée du tunnel qui s'engouffre dans ses flancs, la gare, les vagons et les locomotives qui animent ce tableau. Le fond est terminé par les bâtiments de la gare aux lignes régulières et par la flèche de Saint-Paul, cantonnée par les fleurons, les pyramidions, les arêtes et autres gracieux motifs de l'ogival fleuri.

CHAPITRE XVII

L'ÉGLISE SAINT-PAUL

ous sommes arrivé à l'extrémité du quai de Bourgneuf, en face de la passerelle Saint-Vincent et de l'église Saint-Paul. L'espace resserré entre les rochers et le lit de la Saône commence ici à s'élargir ; il décrit un demi-cercle, qui se rétrécit peu à peu en approchant du quartier Saint-Georges, de la Quarantaine et du quai des Etroits. C'est dans ce demi-cercle que se trouve l'ancienne ville, la ville des archevêques. Ces quartiers restèrent soumis à la juridiction temporelle des prélats plus longtemps que les quartiers compris entre les deux fleuves, qui s'étaient affranchis de cette autorité depuis l'intervention des rois de France.

L'église Saint-Paul est située à proximité des deux montées Saint-Barthélemy et des Carmes-Déchaussés; c'est un des plus anciens monuments religieux de Lyon. Elle fut fondée, dit-on, en 540, sur les ruines d'un temple de Diane, par saint Sacerdos, oncle de saint Nizier.

De pieuses traditions rapportent que saint Sacerdos, retenu à Paris par une mission auprès du roi, ne put, malgré son désir, consacrer cette église ; mais que Jésus-Christ, entouré de la cour céleste, vint lui-même célébrer cette cérémonie.

Ruinée par les Sarrasins, restaurée par Leydrade, grâce aux munificences de Charlemagne, embellie au XIIIe siècle par Hugues, archevêque de Lyon et sans doute l'auteur de la magnifique et gracieuse coupole, mi-partie byzantine, mi-partie ogivale qui surmonte le chœur, cette église fut dotée dans le cours du XVIIe siècle par la famille Mascrani d'une chapelle et de la tour carrée sur laquelle reposait une flèche élancée.

C'est probablement à cette époque qu'il faut faire remonter la construction des deux nefs ogivales accolées à la grande nef, qui est d'un style roman; car le plan primitif de l'édifice dut être basilical, c'est-à-dire un carré long terminé en abside demi-sphérique. Par les deux chapelles parallèles au chœur, à l'extrémité des basses nefs, il affecte aujourd'hui la forme d'une croix latine.

Sur la partie supérieure de la muraille latérale

nord, on remarque des modillons byzantins disposés au-dessous d'une corniche, aussi byzantine, sur laquelle existe une série de figures fantastiques et d'ornements capricieux; ces matériaux sont d'une époque antérieure à leur mise en place, et, de même que la petite porte qui est de ce côté, proviennent, selon toute apparence, de l'église primitive.

A une époque plus rapprochée de nous, on refit la façade principale et le portail à fronton dans le goût du xviii° siècle.

Ce vénérable édifice, qui servit de club et d'entrepôt pour le salpêtre, en 1793, était un composé hybride de différents styles, qui ne saurait satisfaire le goût de l'archéologue, mais qui présentait cependant un aspect intéressant au point de vue du pittoresque.

Saint-Paul était une église collégiale. L'église paroissiale de Saint-Laurent occupait la place Gerson; un cloître, dont on voit encore quelques amorces, les faisait communiquer de l'une à l'autre. Le cimetière était entre elles deux.

Le tombeau du chancelier Gerson, mort en 1429, se trouvait dans cette église.

Ce saint personnage, s'était réfugié dans le chapitre de Saint-Paul pour éviter les persécutions de ses puissants ennemis. Tout en écrivant l'*Imitation de Jésus-Christ*, il passa les dernières années de sa vie à instruire les enfants du quartier dans les vérités de l'évangile et à leur apprendre le catéchisme.

Cette église profanée sous la Révolution fut démolie bientôt après. En 1842, M. Dunot, architecte, s'aidant d'un ancien plan des lieux, retrouva les débris du tombeau de Gerson ; il y avait encore des ossements, qui précieusement recueillis, sont déposés dans l'une des chapelles de l'église Saint-Paul, où elles sont l'objet de la vénération publique.

Dans la chapelle du Christ, est appendu un tableau qui représente Jésus mourant sur la croix pour le salut des hommes. Le peintre a reproduit sur cette toile un fait particulier assez rare pour mériter d'être signalé ici.

Sur la petite tablette placée au-dessus de la tête du Christ, la sentence de son supplice est écrite en trois langues, hébreu, grec et latin, afin qu'elle pût être lue de chacun des trois peuples qui, alors, habitaient la Judée.

Semblable particularité, nous l'avons déjà rencontrée une fois, seulement, dans l'oratoire du vieux château de Sallenove, près d'Annecy ; nos lecteurs doivent se rappeler la description que nous en avons faite, il y a quelques années, dans notre ouvrage de la *Haute-Savoie*.

La chapitre de la vieille basilique possédait de nombreux domaines et des maisons, soit à la campagne, soit dans la ville. *Le Polyptique de Saint-Paul*, publié par M. Guigue sous les auspices de la Société littéraire, historique et archéologique de Lyon, énumère la nature et l'importance de ces divers revenus.

Saint-Paul, classé dans la catégorie des monuments historiques, est actuellement l'objet d'une nouvelle restauration. On a démoli le portail à fronton pour le remplacer par un portail en ogive et on a réédifié une flèche gothique sur la tour du clocher, privée de l'ancienne flèche depuis 1818 où on la supprima parce qu'elle menaçait ruine. Mais rendra-t-on à l'intérieur ces chapiteaux et ces ornements symboliques, brisés par les révolutions ou dissimulés sous un épais enduit de plâtre par de prétendus restaurateurs.

Ces divers remaniements ont été vivement critiqués par un écrivain lyonnais qui a fait de l'architecture religieuse l'objet particulier de ses études. Dans une brochure spéciale, Ch. Savy a traité cette question en homme autorisé.

Quant à nous, très modeste écrivain, bien qu'applaudissant à quelques-uns de ses arguments, nous ne pouvons accepter l'ensemble de ses conclusions.

CHAPITRE XVIII

LE QUARTIER DE SAINT-PAUL.

our l'historien et l'archéologue qui aiment à étudier et les mœurs et les habitudes de nos ancêtres, pour l'artiste comme pour le simple amateur, le vieux quartier de Saint-Paul était assurément l'un des plus curieux à parcourir de tous ceux qui constituaient notre antique cité. Là, on trouvait autour de l'église un véritable réseau de petites ruelles resserrées, tortueuses, sombres, inabordables aux voitures. Les maisons dataient, pour la plupart, du moyen-âge ; elles offraient à l'œil l'aspect le plus sordide ; leurs fenêtres à croisillons, quelques-unes à guillotine et munies du légendaire papier huilé, n'y laissaient pénétrer qu'un jour avare ; les allées surbaissées, l'escalier à colimaçon, les cours exiguës,

les impasses ou culs-de-sac, formaient un tableau saisissant de la misère et de la malpropreté. Rarement le soleil l'éclairait de ses rayons bienfaisants, et rare aussi était cet air pur, première condition de la vie. On y sentait le froid et l'humidité, on y respirait une atmosphère fétide.

Rappellerons-nous la boucherie et la triperie enclavées au milieu de ces hautes maisons, et d'où s'échappaient les effluves du sang et des entrailles des animaux abattus ? Décrirons-nous ce lugubre bâtiment accolé à l'abside elle-même ? Ce bâtiment, dit le dépôt des Morts, était une espèce de morgue où l'on exposait les cadavres des inconnus ramassés dans la rue ou ceux des malheureux que le flot de nos rivières rejetait sur la grève. On y déposait aussi les corps des pauvres de ce quartier populeux dont les familles ne pouvaient faire les frais d'inhumation.

Chaque matin, ces cadavres étaient emportés pêle-mêle dans un tombereau au cimetière de la Madeleine où ils étaient jetés dans la fosse commune.

Dirons-nous aussi, d'après un écrivain qui représente nos anciens ouvriers sous l'aspect le plus pitoyable, chétifs, malingres, hâves, contrefaits par l'influence de certaines de leurs occupations et l'insuffisance d'une bonne nourriture, que leur négligence était poussée à ce point que les immondices les plus révoltantes, entassées dans leurs allées et dans leurs escaliers, infestaient l'air de miasmes pestilentiels ?...

Mais à côté de ces tristes demeures, on voyait plusieurs habitations affectées au clergé de la paroisse de Saint-Laurent, aux membres du chapitre de Saint-Paul, à des officiers royaux, à des comptoirs de banquiers, de marchands et de négociants, avant que le commerce se fut transporté sur la rive gauche de la Saône. Plusieurs de ces habitations étaient remarquables par certain caractère architectonique du moyen-âge et de la renaissance.

« Il n'y avait pas de règlements bien précis sur la voirie, dit Monfalcon, d'après Abraham Golnitz, qui visita notre ville en 1630. Tout bourgois bâtissait sa maison à peu près comme il l'entendait; il empiétait fréquemment sur la voie publique et prenait peu de souci de l'alignement. Aucune rue n'était éclairée pendant la nuit; quand les habitants sortaient après le coucher du soleil, ils se faisaient précéder par des valets porteurs de lanternes et de torches, ressource qui manquait aux classes inférieures. Il n'y avait de pavé d'aucune sorte..... Aussi était-il difficile de circuler d'un quartier à l'autre sur un sol constamment sillonné d'ornières profondes et recouvert d'une couche épaisse de boue qu'on n'enlevait jamais.... Au quatorzième siècle, des tuyaux en saillie, sur la rue, recevaient les eaux pluviales des toits, et les versaient abondamment sur les passants.... »

Ce ne fut qu'au milieu du siècle dernier que le Consulat ordonna la suppression des gouttières saillantes et l'application des tuyaux de descente aux maisons de la ville.

Pour avoir une idée exacte du changement qu'ont subi ces quartiers, il faut étudier les vieux plans de notre ville; celui de 1562 est le plus complet. Beaucoup de nos rues ont disparu, d'autres ont été ouvertes. Les alignements ne sont plus les mêmes; là où il y avait des jardins, on voit aujourd'hui des pâtés de maisons. Point de quais, point ou peu de places publiques. Le règne des derniers Valois a été pour ces quartiers une rénovation, comme de nos jours celui de Napoléon III....

Que de fois, nous-même, en compagnie du savant et respectable Paul Saint-Olive, avons-nous parcouru cette espèce de labyrinthe, et pénétré dans ces maisons pour en examiner les motifs intéressants cachés sous la patine des siècles !....

Un détail sans doute oublié aujourd'hui : les enfants de ce quartier se nommaient eux-mêmes avec une certaine fierté, les *Gones de Saint-Paul* ou encore les *Enfants du Sabre*. Ce dernier surnom faisait allusion à l'épée sur laquelle se repose l'apôtre de Damas.

Sous le deuxième empire, lorsque la ville de Lyon était l'objet d'une régénération complète, il entrait dans la pensée du souverain, toujours préoccupé des intérêts matériels et moraux des ouvriers, de faire participer nos quartiers de l'Ouest à de semblables bienfaits. Déjà les quais avaient été élargis et rectifiés, déjà l'avenue de l'Archevêché et ses aboutissants avaient été créés, lorsque la compagnie Mangini conçut le projet d'établir la gare du chemin de fer de Lyon à

Montbrison au centre même du quartier Saint-Paul. Ce projet coïncidait avec les généreuses pensées de l'Empereur; il fut étudié et adopté par le Conseil d'Etat. La concession de cette ligne fut approuvée par décret impérial le 16 octobre 1869; les travaux commencés peu après furent terminés à la fin de l'année 1875, et le voyage d'inauguration eut lieu le 6 janvier 1876. — Invité à cette cérémonie officielle, nous eûmes l'honneur d'en faire une relation qui parut dans les principaux journaux de notre ville.

Nous avons décrit dans notre *Guide de Lyon à Montbrison,* les gigantesques travaux exécutés pour l'établissement de la gare Saint-Paul, les monumentales murailles à arcatures qui soutiennent les terrains supérieurs, les maisons démolies, le rocher enlevé, la montagne percée d'outre en outre jusqu'à Gorge-de-Loup par un tunnel de 1,400 mètres de longueur; les rues Punaise, Misère, de la Poterie, de l'Epine, de l'Ours ont disparu en tout ou en partie; la rue Ottavio-Mey est devenue une large avenue bordée de belles maisons et montant en rampe douce du pont de la Feuillée à l'entrée principale de la gare. Et cette rénovation eût été complète sans la révolution du Quatre-Septembre qui arrêta net le plan consistant à dégager l'église Saint-Paul, des maisons adossées à l'édifice du côté du sud et du côté de l'est.

Les bâtiments de la gare constituent un fort bel édifice placé à l'angle des montées Saint-Barthélemy et des Carmes-Déchaussés. Leur ensemble est une réminiscence de ce style de la renaissance française, sévère et gracieux à la fois; et l'architecte, heureusement inspiré, a su leur donner ce caractère artistique que l'on n'est pas habitué à rencontrer dans les monuments de ce genre.

L'aire de la gare est élevée de cinq mètres environ au-dessus de la place Gerson; un élégant parapet formé de balustres en briques court le long de cette place, depuis l'édifice jusqu'au quai, à côté de l'entrée du tunnel, et couronne une longue suite de docks destinés à servir d'entrepôts.

CHAPITRE XIX

LES RUES JUIVERIE ET LAINERIE

ES rues Juiverie, Lainerie et de l'Angile débouchent sur la rue Ottavio-Mey. Nous allons y pénétrer et étudier les maisons historiques que l'on y rencontre et qui sont bien connues de la plupart de nos archéologues. Quelques-unes ont été reproduites par le burin de J. Séon dans le bel ouvrage de l'architecte P. Martin, intitulé: *Recherches sur l'architecture du moyen-âge et de la renaissance à Lyon.*

Leur ornementation et leur aménagement témoignent qu'elles furent bâties et habitées par les familles les plus opulentes de notre ville aux XVIe et XVIIe siècles.

« Pendant toute la durée du moyen-âge, dit un de nos écrivains, la rue Juiverie, anciennement Porcherie, était le ghetto lyonnais. Chaque soir, elle était fermée par des portes. C'est là que se trouvaient les comptoirs de ces riches Israélites où nos archevêques, nos chanoines, les principaux personnages, les princes, les rois eux-mêmes ne craignaient pas de venir puiser, en donnant garantie, bien entendu ! Banquiers puissants, intermédiaires indispensables dans les opérations commerciales, ils furent l'objet d'une grande protection jusqu'à leur expulsion de la ville sous Charles VI. »

Depuis cette époque, les marchands *cuiratiers* tinrent leur marché dans cette rue. Des fêtes et des tournois y eurent lieu, dit-on, en présence de Charles VIII et de Louis XII, pendant le séjour de ces souverains dans la cité.

L'allée numéro 4 donne accès dans une cour supérieure, ancienne cour d'honneur, communiquant à la montée Saint-Barthélemy et où s'étale une des façades de la maison dite de François 1er, qui y aurait logé, bien qu'elle nous paraisse dater du temps de Henri IV.

« Les galeries étagées ont une noble et large tournure, dit un de nos historiens ; à travers leurs arcades, l'escalier, découpé avec une rare élégance, développe ses rampes concentriques autour d'une colonne centrale et ajuste ses paliers avec une ostentation parfaitement justifiée. D'en bas, l'œil suit toutes ses courbes gracieuses tracées avec une habile entente. »

Une niche ménagée au premier étage abrite un buste du roi *vert galant*.

Depuis la rectification de la montée Saint-Barthélemy, qui a modifié le niveau du pavé, la façade qui donne sur cette montée a été restaurée dans un style tout autre que celui des façades intérieures d'où il résulte pour cet édifice un caractère tout particulier, qui cependant n'est pas sans un certain charme. L'intérieur était richement décoré de lambris et de peintures, qui ont aujourd'hui disparu.

Cette maison, remarquable à tant de titres, nous ne craignons pas de la nommer la maison des artistes. C'est là que Fleury Chenu avait établi son atelier et composé ses toiles si recherchées ; c'est là encore qu'Adolphe Appian produisit ses œuvres d'une si sincère vérité ; c'est là aussi que demeurèrent les deux Cherblanc, nos habiles violonistes. De plus, le peintre Claudius Jacquand, ne craignant pas de faire un anachronisme historique, a rappelé cette cour dans un tableau représentant Louise Labbé, dite la Belle-Cordière, présentée à François 1er, auquel elle adressa un discours en vers.

Toujours du même côté, sur la droite, la rue Juiverie renferme d'autres maisons dignes aussi de fixer l'attention du touriste.

Le numéro 8, par une allée sombre et tortueuse, au fond d'une cour où s'ouvrent des écuries et les rares croisées des maisons latérales, montre une façade très bien conservée du plus pur style de la renaissance.

Elevée d'après le plan fourni par Philibert Delorme, en 1576, à Antoine Bullioud, général de Bretagne, cette façade est flanquée de deux pavillons demi-circulaires soutenus par deux arcs de trompe, de saillie considérable. Les trompes sont décorées d'un entablement dorique, tandis que les pavillons et la galerie supérieure sont de l'ordre ionique. La trompe de droite abrite l'escalier et un puits couvert, d'un très joli caractère; sous celle de gauche, passe un balcon qui dessert le premier étage. Le tout est construit en fort beaux matériaux.

La décoration intérieure était due au pinceau du peintre Stella. On y remarquait de belles cheminées, de riches menuiseries, des caissons et des poutrelles niellés de filets d'or, et çà et là, sur les portes, les fenêtres, des sentences latines à la mode du temps.

Dans le corps de logis qui précède cette noble façade et donne sur la rue, au premier étage, existaient de vastes salles, aujourd'hui divisées en petits appartements d'ouvriers. On y parvient par un sombre escalier.

Sous le premier Empire, alors que la jeunesse ne pensait qu'à la gloire et aux plaisirs, un théâtre bourgeois avait été établi dans l'une des salles aristocratiques de ce vieil hôtel des Bullioud. Plus tard, vers 1824, ce théâtre était régi par deux types bien connus autrefois, le père Four, ferblantier-lampiste, et le père Dubrec, modeste tailleur d'habits. Chacun d'eux avait sa spécialité, l'un fournissait les costumes et les partitions de musique; de plus, il était chef d'orchestre; l'autre avait soin du luminaire et du matériel; de temps en temps il figurait dans les utilités, dans les personnages muets. Mais bien que, pour cette circonstance, il eût quitté ses vieux habits graisseux, on le reconnaissait sans peine à ses grosses lunettes et à sa claudication des plus accentuées.

Les jeunes gens de la ville, organisés en société, venaient y jouer le vaudeville, la comédie, le mélodrame même. Plusieurs de ces sociétaires ont acquis une certaine réputation d'artiste, et ont brillé sur de plus grandes scènes. Nous citerons en première ligne Frédéric Achard, qui, le jour, passait la navette dans l'atelier de ses parents, braves ouvriers en soie de la rue Confort, la nuit étudiait ses rôles et le dimanche les jouait devant des spectateurs sympathiques.

Entraîné vers le théâtre par une passion irrésistible, il mit de côté le métier de canut, abandonna la banquette et s'engagea dans une troupe ambulante, où il tint les rôles comiques. Doué d'une jolie voix et apportant dans la plupart de ses rôles beaucoup d'entrain et de rondeur, il courut la province; joua au théâtre de la rue Monsieur, à Lyon; puis, en 1827, il débuta sur notre scène des Célestins dans *le Chevreuil*, *le Comédien d'Etampes* et *la Chercheuse d'esprit*. Plus tard, il obtint un engagement à Bordeaux, où il ne fit pas un long séjour. Appelé à Paris, où après avoir obtenu un prix de chant au Conservatoire, il fut admis à *l'Opéra-Comique*, comme ténor léger; mais là n'était pas sa place; son goût le portait au vaudeville. Il entra successivement au Palais-Royal, au Gymnase, aux Variétés, où il créa avec succès nombre de rôles comiques, entre autres *Bruno-le-Fileur, Balochard, Pascal et Chambord, Indiana et Charlemagne, l'Aumônier du Régiment, le Commis et la Grisette*, etc.

Cet artiste, dont le nom était devenu populaire, mourut jeune encore et dans tout l'éclat de son talent, le 14 avril 1856; il était né le 4 novembre 1808.

Nous citerons également Hermann-Léon (Léonard Hermann), né le 23 juillet 1816, dessinateur de cachemire et fils d'un ouvrier tailleur de la rue Mercière. Possédant une forte voix, une belle prestance, il était un des préférés du public de la rue Juiverie. Comme son compatriote Achard, il cabotina sur plusieurs scènes de province; et quittant le drame à grandes tirades : les Buridan, les Perrinet-Leclerc et autres héros du romantisme, il alla à Paris et entra à l'Opéra-Comique, où il se fit remarquer comme basse chantante, et où sa plus belle création fut le tambour-major du *Caïd*. Il mourut aussi à un âge peu avancé, le 19 octobre 1858.

Le numéro 10 appelle le regard par sa façade, son allée et son escalier. C'est aussi l'œuvre de Philibert Delorme.

Le numéro 20 offre également un intérieur fort intéressant de l'époque ogivale.

La maison suivante qui forme l'angle de la rue Juiverie et de l'escalier du Change est accolée d'une jolie tourelle reposant sur une console à plusieurs ressauts.

En remontant le côté oriental de la rue, voici une importante maison de style florentin, lourd, mais empreint de grandeur. La façade, en pierre à bosselage, est ornée de grosses têtes de lion en saillie. Sa fondation est attribuée à la famille Dugas, en 1583.

Le numéro 7 laisse soupçonner, à travers le délabrement et la malpropreté, une ornementation ogivale et d'élégantes nervures appuyées sur des culs-de-lampes à têtes d'ange enluminées.

Les gens privés de sentiments artistiques n'éprouveraient certainement aucun intérêt à visiter ces intérieurs si loin des enjolivures et des fantaisies de pacotille si fort en usage de nos jours, où la fonte vulgaire coulée dans le même moule a remplacé les magnifiques ferronneries qui ornent, soit les montées d'escalier, soit les impostes de nos anciennes portes d'allée ; où le stuc et le carton-pierre s'étalent bourgeoisement à la place de ces sculptures si bien fouillées par le ciseau des artistes du moyen-âge et de la renaissance !..

A l'entrée de la rue Lainerie, jadis l'Asnerie, voici une maison simple de lignes, mais remarquable par un pavillon carré placé en surplomb et partant du premier étage ; aux numéros 3 et 4, une œuvre de la renaissance ; au numéro 5, une façade gothique avec des consoles à têtes d'animaux fantastiques et une porte d'allée en bois de chêne d'une bonne époque; au numéro 11, deux façades ogivales, bien conservées, bien ornées et d'une grande pureté de dessin; au numéro 14, une maison où se trouve un heureux mélange de gothique et de renaissance, et dont l'allée avec ses nervures, la cour avec ses fenêtres à meneaux et à croisillons, la tourelle de l'escalier ornée d'écussons et un puits de forme ovale font la joie de l'artiste et de l'archéologue...

Les rues de l'Angile, de l'Arbalète, des Treize-Cantons et de Saint-Eloy, sont un dédale de petites ruelles sombres, étroites, tortueuses, sales, incommodes, placées entre la rue Ottavio-Mey, la rue Lainerie et le quai. Leurs habitants pourraient, au besoin, se toucher la main d'une croisée à l'autre, tant elles sont rapprochées. Le vieux pavé pointu et la *raze* au milieu y règnent encore avec tous leurs désagréments. Telles de ces ruelles semblent désertes, et la nuit venue, l'étranger n'oserait s'y aventurer: pas une boutique ne s'ouvre au rez-de-chaussée, les allées béantes, véritables couloirs, ne sont éclairées que par le *chelut* fumeux, placé là comme pour mieux en laisser voir l'obscurité...

Là, cependant, au xve siècle, les célèbres Florentins, Laurent et Cosme de Médicis, avaient établi une de leurs banques; ils y eurent pour facteurs deux de leurs compatriotes, Rossi et Spinelli.

En 1470, Amédée IX, duc de Savoie, et sa femme

Yolande de France, durent engager chez ces banquiers une partie de leurs joyaux en garantie d'une somme d'argent qu'ils empruntèrent. En 1482, leur successeur les engagea à son tour contre 7.000 florins. L'inventaire de ces joyaux est curieux à parcourir.

On voyait dans ce quartier la maison de *l'Angelo* où habitait noble Antoine Camus; plus tard, les marchands suisses, qui, depuis Louis XI, jouissaient à Lyon de certains privilèges, s'y fixaient pendant la durée des grandes foires dont notre ville était dotée; ils logeaient dans deux grandes hostelleries qui portaient pour enseignes, l'une Guillaume Tell, armé de son *Arbalète*; l'autre, les armoiries des *Treize-Cantons*.

Plus tard encore, on y vit la salle d'un jeu de Paume que l'on transformait en théâtre pour les acteurs de passage, et où l'on suppose que Molière joua pour la première fois sa pièce de l'*Etourdi*.

CHAPITRE XX

LA PLACE DU CHANGE

a partie du quai de Bondy comprise entre le pont de la Feuillée et le pont de Nemours était jadis la rue de Flandre et la rue des Albergeries. Les maisons du quai de la Saône, une fois démolies, firent place à un superbe quai; celles du côté opposé, sont restées intactes ou à peu près.

Elles datent pour la plupart des XVIIe et XVIIIe siècles, et offrent des détails intéressants, un profil et des lignes de très bon goût dans leur simplicité.

De belles pierres de taille artistement sculptées, sortant de la porte d'allée et des croisées d'une de ces maisons abattues depuis peu, furent tranportées sur le cours de Brosses, où elles sont entrées dans la façade d'un des trois *châteaux* de notre aimable fabuliste, Alexis Rousset.

Ces rues étaient occupées par d'importantes boutiques d'épicerie et de grosses albergeries auxquelles d'ailleurs elles devaient leur nom. De ces dernières, la plus célèbre dans les annales lyonnaises, était l'hostellerie du *Porcellet*, qui, dans la nuit du 1er février 1540, fut le théâtre d'un événement où périrent, par la chute du plancher, une vingtaine de voyageurs, parmi lesquels on comptait trois jeunes gentilshommes bourguignons.

L'auberge des *Trois-Rois* reçut, en 1623, le prince de Conti revenant d'Italie et plusieurs seigneurs de sa suite. Sous le nom d'hôtel, elle existe encore aujourd'hui. On y voit une vieille et intéressante cour, avec tourelle à pans coupés renfermant l'escalier et galeries à jour desservant les différents étages. Sur la place de l'Ancienne-Douane, située sur le quai, existaient jadis l'hôpital, le cimetière et l'église, qui porta successivement le nom de Notre-Dame de Lyon, Notre-Dame du Pont, Notre-Dame de la Saunerie, et plus tard Saint-Eloi, du nom d'une des chapelles de l'église. Eglise et cimetière étaient lieux d'asile inviolables pour toute personne poursuivie qui parvenait à s'y réfugier, en criant: *Franchise!*

Cet ancien hôpital, du même nom que l'église, fut détruit au commencement du xvie siècle. Pour des raisons que nous ne pouvons développer ici, une partie de ses revenus fut attribuée à l'hospice du pont du Rhône, lequel hospice ne remonte pas au-delà des premiers travaux du pont, en 1182, malgré l'opinion de nos historiens modernes qui attribuent sa fondation au roi Childebert et à la reine Ultrogote.

Notre archiviste, M. Guigue, a parfaitement éclairci cette grave question. Dans un ouvrage remarquable, il montre comment, par suite de fausses interprétations, les erreurs historiques se propagent et finissent par être acceptées comme des vérités. Avec une grande puissance d'argumentation il établit, pièces à l'appui, que l'hôpital fondé au vi[e] siècle par saint Sacerdos, grâce aux libéralités de ce roi et de cette reine dont il était le conseil et l'ami, se trouvait près du pont de Saône, sur l'emplacement actuel de l'Ancienne-Douane, dans la paroisse de Saint-Paul.

L'église qui y était annexée suivit de près le sort de l'hôpital; elle fut ruinée définitivement par les protestants, en 1562. Mais là, n'a jamais existé de recluserie comme l'ont avancé la plupart de nos écrivains.

Nous voici arrivé sur la place du Change. On se souvient que le négoce lyonnais était au moyen-âge concentré dans le quartier Saint-Paul. Les transactions commerciales et les opérations de banque avaient lieu primitivement dans des comptoirs particuliers. Mais l'accroissement des affaires et le besoin d'avoir un lieu public pour les régler entre eux engagèrent les marchands et les banquiers florentins à demander au Consulat l'autorisation de s'assembler sur cette place, qui portait alors le nom de Draperie et où se tenait un marché aux porcs et aux volailles.

Les jours où marchands et banquiers se réunissaient, ils faisaient planter des barrières pour écarter ces animaux; dans cette enceinte, en plein air, à la pluie ou au soleil, ils traitaient de leur affaires.

Cet état précaire dura jusqu'en 1631 ; à cette époque le Consulat cédant aux sollicitations des négociants se décida à faire construire une loge spéciale où ils seraient à l'abri du mauvais temps. Toutefois, on avait dû compter avec les difficultés survenues entre la ville et le chapitre, qui avait *censive* et *directe* sur la place. Ces difficultés écartées et la loge étant devenue insuffisante pour les besoins du commerce qui continuait à grandir de jour en jour, le Consulat chargea l'architecte Mansard d'élever un autre bâtiment, lequel, modifié par l'architecte Soufflot, ne fut terminé qu'en 1747.

Édifié sur un perron à plusieurs marches, il est d'un style simple, pur, élégant, à un seul étage percé de cinq fenêtres séparées par de jolies colonnes engagées. Il fut décoré par Chabry et par Perrache le fils. Sur le fronton on y voyait cette inscription: *Virtute duce, comite fortuna,* tirée des écrits de Cicéron.

L'harmonie de ses lignes et de sa décoration est telle qu'il semble plus grand qu'il n'est réellement.

Ayant perdu sa destination première par suite du déplacement du commerce et de l'établissement de la Bourse dans le palais Saint-Pierre, il fut cédé en 1804, par l'administration à la colonie protestante de notre ville, qui, après les modifications nécessitées par son changement de destination, y établirent l'exercice de leur culte.

En face de ce monument, dans l'angle des anciennes *Tables du Change,* on remarque une maison qui possède une fort jolie façade de style ogival et une assez intéressante cour, où l'on parvient par un escalier de quinze marches.

Une autre maison également très intéressante, mais très délabrée et datant aussi du xv⁰ siècle, fait suite à celle-là. Elle se nommait la Maison des Bêtes (*Domus Bestiarum*), et, du côté de la Saône, possédait une terrasse qui plongeait dans la rivière et qui existe encore aujourd'hui sur le quai de la Baleine. On voyait naguère encore des têtes de lion, sculptées sur les consoles de la terrasse ; réminiscence, sans doute, de l'ancienne dénomination de la maison.

CHAPITRE XXI

LE PONT DE NEMOURS

LACÉE en face de l'église Saint-Paul, la passerelle Saint-Vincent a remplacé un pont de bois construit en 1715, qui avait succédé à un autre plus ancien datant de 1637. Il était massif et disgracieux; ses deux piles, très épaisses, encombraient le lit de la rivière. Plus bas est le pont suspendu de la Feuillée, large et solide à la fois. Il fut édifié en 1837. Deux pylones égyptiens en décorent l'entrée, servant d'assises à deux lions en fonte, accroupis, qui tout en complétant l'ornementation, retiennent les chaînes supportant le tablier.

Le pont de Nemours, qui relie la place du Change à la place d'Albon, est un des plus beaux monuments de la ville; tout en pierres de taille, il est d'une élégante construction et d'une largeur peu commune.

Ses abords sont arrondis et s'ouvrent en s'évasant sur les deux quais, ce qui favorise la circulation si active sur ce point ; malheureusement, il ne se trouve pas dans l'axe du temple protestant, ni dans celui de l'église Saint-Nizier.

La première pierre en fut posée par le duc de Nemours, le 24 septembre 1843, avec tout le cérémonial usité en pareil cas, en présence du cardinal-archevêque, Mgr de Bonald, accompagné de tout son clergé, de M. le préfet Jayr, de M. l'ingénieur Jordan, des principales autorités de la ville, et d'un peuple immense groupé sur les deux quais.

Ils se compose de six grandes arches à cintre surbaissé et de deux plus petites pour le service des bas-ports et des chemins de halage ; sa longueur est de 132 mètres.

A peine terminé, et malgré la nature de ses matériaux, il fut menacé d'une ruine complète, par suite d'un incendie qui s'alluma sous la première arche de la rive gauche. Un bateau de foin enflammé par la chute d'une fusée tirée d'un des jardins du côteau de la Croix-Rousse, ayant rompu ses amarres, descendit lentement le cours de la rivière et vint s'arrêter sous cette arche, garnie encore de ses cintres en charpente, qui s'enflammèrent à leur tour. Les pierres de la voûte, de nature calcaire, ne purent résister à l'action de la chaleur, se fusèrent et tombèrent par fragments, ce qui nécessita leur remplacement immédiat.

Un pont de pierre incendié! Il y avait là de quoi étonner la population. Aussi, cet événement trouva-t-il beaucoup d'incrédules jusqu'au moment où l'on expliqua la circonstance qui l'avait amené.

Il remplaça le vieux pont de Saône, appelé plus tard pont de Pierre et pont du Change. Pour la commodité des travaux et pour ne pas interrompre la circulation, le nouveau pont fut construit parallèlement à l'ancien et à quelques mètres en amont. En l'année 1846, il fut livré à la circulation.

L'historique du vieux monument se rattache aux plus nobles souvenirs de la cité, et il fut le théâtre de maints épisodes plus ou moins connus que nous allons retracer en courant.

Occupait-il la place d'un pont romain? il est permis de le supposer. Comment la grande voie militaire qui partait de Lyon pour se diriger sur Genève et sur le Rhin, et dont nous avons signalé tant de traces dans nos excursions en Dombes et en Bugey, aurait-elle traversé la Saône? Comment surtout la cité antique aurait-elle communiqué avec le quartier du Condate, si peuplé, si commerçant, et où se trouvaient tant d'édifices publics? Le banc de rocher émergeant du milieu de la rivière était disposé de manière à provoquer là l'établissement d'un pont.

C'est l'archevêque Humbert qui, en 1076, entreprit cette œuvre capitale; il y consacra une partie de son épargne, fit appel à la libéralité du chapitre et du clergé, et fit construire la première arche. Un prêtre de Saint-Jean légua douze sous d'or pour la deuxième et la nièce d'un autre prêtre donna une somme importante pour la troisième ; la corporation, les gens de métiers, nombre de citoyens suivirent ces exemples, et le pont fut achevé en quelques années.

Il était très étroit, d'une construction lourde, massive, irrégulière, mais d'une solidité à toute épreuve ; en avant, de formidables éperons brisaient le courant des eaux et le garantissaient du choc des glaces au moment de la débâcle.

Huit arches à plein cintre, d'ouverture inégale, le composaient ; les deux plus larges étaient du côté de Saint-Nizier. La seconde, par où passait la majeure partie des eaux, se nommait l'Arche-Merveilleuse ; elle enjambait le Grand-courant, qui, plus bas, formait, en tournoyant, la sinistre et légendaire Mort-qui-trompe.

Cette arche, l'Arche-Merveilleuse du moyen-âge, l'*Arcus mirabilis* des savants, le Grand-Arc des mariniers, ce courant et ce gouffre étaient à plus d'un titre célèbres dans les traditions populaires. C'est par là que défilait la fête des Merveilles, et elle mérite une mention particulière.

D'après nos anciens écrivains, cette fête remontait aux premiers siècles de l'ère chrétienne. Elle avait lieu chaque année, au mois d'août, en l'honneur de la glorieuse merveille des 19,000 martyrs, compagnons de Saint-Irénée.

« Le jour de la fête, le clergé de la ville se réunissait en face du château de Pierre-Scize et descendait la Saône sur un bateau richement pavoisé, en chantant des litanies auxquelles répondait la foule agenouillée sur les rives du fleuve. Le cortège défilait sous l'Arche-Merveilleuse qui était la plus large et la plus propice pour la navigation. Des jeux profanes, des courses nautiques succédaient à la cérémonie religieuse. Pour amuser le peuple, on précipitait un bœuf vivant dans la Saône par une petite porte pratiquée au-dessus de l'arche, et toutes les barques se mettaient aussitôt à sa poursuite. On l'atteignait au port des Célestins, on le faisait monter sur le quai et on allait l'abattre, l'écorcher, le dépecer et le distribuer à la foule dans la rue Ecorche-Bœuf.

« La fête des Merveilles ayant dégénéré en réjouissances profanes, en saturnales, fut abolie par un édit de Charles VI, en 1402, et remplacée par les foires célèbres aux quelles Louis XI accorda de nombreux privilèges. »

Cette porte par où l'on jetait les bœufs dans la Saône servait aussi quelquefois à précipiter les criminels que la justice expéditive de l'époque condamnait à être noyés. Les malheureux étaient liés et avaient une pierre attachée au cou, pour rendre leur immersion plus complète.

Plusieurs écrivains modernes ont nié cette coutume. Mais voici une note que nous extrayons des *Comptes de la ville*, année 1531. Elle fut payée par Jacques Couland, receveur des deniers publics aux ouvriers maçons, serruriers, charpentiers, chargés de rhabiller le trapon du « pont de Saonne par où lon jecte de nuict les malfaicteurs qui sont condampnez à estre noyez par justice... et de plus pour rhabiller le gibet sur le pont de Saonne. »

Voici également ce que nous voyons dans plusieurs de nos vieilles chroniques. Sur le pont de Saône avaient lieu des exécutions capitales. Au xv° siècle, on avait décapité dix malheureux, complices d'une sédition populaire dirigée contre le Consulat lyonnais. Leurs têtes fixées sur des pieux restèrent longtemps exposées à l'entrée du pont.

Au milieu du xvi° siècle, on rassembla au milieu du pont tous les livres protestants que l'on put saisir chez les libraires ; Edmond Auger, recteur du collège de la Trinité, les anathématisa, le bourreau y mit le feu et en fit un autodafé.

En 1629, un protestant nommé Thomas Aldendorf avait brisé la croix qui se trouvait au milieu du pont. Il fut condamné à être roué, pendu et brûlé sur le lieu même témoin du sacrilège. C'était, du reste, le lieu ordinaire où les criminels étaient exécutés, où ils étaient exposés aux yeux du public et où ils recevaient un certain nombre de coups d'estrapade suivant la gravité de leurs méfaits.

De chaque côté du pont, les abords étaient défendus par une tour fortifiée contenant un corps de garde. Celle de la rive droite fut élevée par le chapitre : c'était la tour de France ; celle de l'autre rive appartenait aux bourgeois de Lyon, et se nommait tour de l'Empire. Elle renfermait une cloche d'alarme, que l'on transféra plus tard dans le clocher de Saint-Nizier.

Lors des insurrections qui éclatèrent au moyen-âge entre le clergé et les corporations, ces deux tours furent prises maintes fois, détruites, puis relevées ; elles finirent par disparaître, lorsque les rois de France devinrent les protecteurs de la ville.

Il est probable que la trappe ou la porte dont nous venons de parler servit de pont-levis pour défendre l'entrée de la tour de l'Empire, en même temps qu'on en profita pour l'exécution des arrêts de la justice criminelle.

Sur la première arche, en venant de Saint-Nizier, on voyait plusieurs maisons qui surplombaient la rivière. La permission de les construire avait été octroyée, en 1309, à la famille d'Albon, qui se chargea de l'entretien des piles. Cette famille les vendit ou les loua à des marchands, juifs pour la plupart, qui y établirent leurs ouvroirs ou boutiques.

La maison la plus avancée sur le pont et dominant le Grand-courant, était remarquable par un arc de trompe d'une hardiesse peu ordinaire, qui supportait le poids de quatre ou cinq étages. Cette œuvre est attribuée à Girard Desargues, mathématicien et architecte, et auteur d'un projet pour la construction de notre Hôtel-de-Ville, qui ne fut pas adopté. Il avait eu à lutter contre Simon Maupin.

Du côté du Change, les premières maisons de la rue de Flandre, s'avançaient aussi sur le pont et en obstruaient l'entrée.

Plusieurs de ces maisons s'écroulèrent au siècle passé, et trente-huit locataires périrent sous leurs décombres. Reconstruites aussitôt, elles durèrent jusqu'en 1793, où elles furent abattues. Elles reposaient sur une arche que l'on fit disparaître lors de la création des quais de Flandre et de la Baleine, qui acquirent ainsi une certaine largeur.

Au centre du pont, une croix fixée sur un cippe antique portait une inscription, déposée aujourd'hui dans notre Musée lapidaire.

Une ancienne coutume voulait que chaque année, la veille de la Saint-Jean, on érigeât sur le pont une pyramide de bois, à laquelle on mettait le feu en présence de tous les échevins vêtus de leurs robes consulaires. Le feu était mis par le gouverneur, pour le roi, et par le plus âgé des échevins, pour la ville.

A la suite de la peste qui, en 1628, enleva un grand nombre d'habitants, et qui dura plus de quinze ans, les magistrats, redoutant de nouveaux malheurs, conçurent le projet de mettre la ville sous la protection de la Sainte-Vierge. Ils prirent un arrêté, suivant lequel on devait élever deux petits édifices, l'un sur la terrasse de Fourvière, l'autre au milieu du pont de Saône.

Ce dernier édicule, du style de la renaissance, vraiment fort remarquable, est attribué à Simon

Maupin. Il abritait un autel et une statue de la Vierge sculptée par Mimerel; sa frise et son fronton arrondi sont soutenus par deux pilastres carrés d'ordre dorique. Démoli pièce par pièce en 1820, il fut transporté et rétabli au bas de la montée du Chemin-Neuf, où les curieux peuvent aller l'étudier. La Vierge et l'autel sont remplacés par une vasque, alimentée par un maigre filet d'eau. Aux ornements des chapiteaux et de la frise, qui étaient dégradés et méconnaissables, on a substitué des attributs maritimes.

Après son enlèvement, et sur la pile même occupée par ce petit monument, on lui substitua un mesquin bâtiment carré destiné à un poste de pompiers.

Le 11 janvier 1802, le premier consul Bonaparte, venu à Lyon pour présider la Consulta cisalpine, fut reçu à l'entrée du pont, où l'architecte Cochet avait élevé un arc de triomphe, qui rappelait celui de Septime-Sévère à Rome. Malgré la rigueur du froid et la neige qui tombait en abondance, la population s'était portée avec empressement à la rencontre du héros.

Entre les dalles disjointes qui recouvraient le sommet des éperons, croissaient des herbes parasites dont la semence avait été apportée par les vents ou par les oiseaux; et leur verdure, relevée de giroflées sauvages, se mariait harmonieusement avec la teinte grisâtre des pierres du vieux monument. On y voyait même quelques arbrisseaux, entre autres un petit cerisier, dont la naissance était due à un noyau jeté sans doute par un passant. Ce cerisier produisait fleurs et fruits, et son heureuse exposition donnait à ces derniers une maturité précoce. De là, le proverbe populaire en notre ville : A l'Ascension, des cerises sur le pont !...

Que de fois nous avons vu les gamins guetter d'un œil d'envie ces petits fruits rouges, qui, du reste, ne mûrissaient que pour être croqués. Afin d'aller les cueillir, les plus téméraires passaient par dessus le parapet et s'aventuraient sur l'arête tranchante et les deux pentes glissantes formées par la disposition des dalles supérieures de l'éperon ; ils risquaient de tomber d'une hauteur de douze à quinze mètres et de se rompre les os sur la pointe des roches qui surgissaient de la rivière...

CHAPITRE XXII

LES BÊCHES ET LES MARMET

u pied de la seconde pile orientale du pont et du côté du midi, étaient amarrées les fameuses bêches servant à une école de natation dirigée par la famille Marmet. On y descendait, après avoir enjambé le parapet du pont, par un escalier de bois appliqué contre la pile.

Les bêches étaient des bateaux liés les uns aux autres, sur une seule ligne, et recouverts d'une grosse toile fixée sur des demi-cerceaux. Ces bateaux étaient destinés aux apprentis nageurs; quant aux forts, ils occupaient une grande sapine munie d'une haute plate-forme, avec un mât horizontal qui pointait en avant, pour les fantasias des piqueurs de tête; seuls, les plus hardis pouvaient en atteindre l'extrémité; mais les timides, mauvais acrobates, se laissaient choir dans l'eau à cause du balancement qui était imprimé au mât. Un plancher mobile, établi entre les bateaux et la pile, sur les rochers; un comptoir, en planches aussi, ménagé sous l'escalier et contre la pile, complétaient l'établissement nautique et étaient abrités sous le même *velarium*, tout de pièces et de morceaux.

Dans les bêches, étaient disposés de petits caissons où les baigneurs déposaient leurs vêtements; elles avaient chacune leur patron particulier, sous l'autorité immédiate du chef suprême.

Un barquot naviguait constamment de droite et de gauche et sur le devant des bêches amarrées; il exerçait une active surveillance sur les baigneurs qui nageaient en pleine eau.

Qui ne se rappelle cette brave et nombreuse famille des Marmet, dont chaque membre présentait un type particulier, depuis l'aïeul jusqu'aux arrière-petits-enfants. Chacun d'eux était connu sous un sobriquet : le vieux père Jean, dit *Rouge-trogne*, qui buvait un coup après chaque leçon qu'il donnait en l'accompagnant d'une chanson traditionnelle; le père François, dit *le Borgne*, décoré d'une médaille de sauveteur; le père Parceint, patron du barquot de surveillance; le père Cogniet, dit *le Louche* ou *Bel-œil*; Jean-Pierre, qui ne riait jamais; Maurice, dit *Mami*, qui était chargé de la comptabilité et avait conservé les allures d'un vieux sergent; Castille, dit *Pied-fin*; les jeunes *Caquille, Furet, Pruneau, Beau-soleil, Beau-fifre*, surnoms assez éloquents pour n'avoir pas besoin de commentaires; enfin Jean-Baptiste, Baptiste tout court, le dernier survivant, croyons-nous, de cette tribu d'hommes de rivière.

Les Marmet, les Parceint, les Cogniet, par leurs alliances mutuelles, ne faisaient qu'une seule famille, et, disons-le tout de suite, une famille des plus unies.

Pendant la saison des bains, tout ce monde-là vivait sur les bateaux. Leurs femmes et leurs filles aussi y étaient installées. L'une de ces dernières déserta les planches mobiles de l'établissement aquatique pour monter sur les planches glissantes de notre Grand-Théatre, en qualité de danseuse. Ces dames avaient chacune leurs attributions : la cuisine en plein vent et des plus primitives, le débit de liqueurs, la vente de tabac et de cigares, l'entretien et la distribution des jaquettes et caleçons, etc., etc.

Le prix de la leçon était de huit sous; pour les nageurs, c'était cinq sous, et deux sous pour la jaquette. Lorsqu'un élève quittait la sangle, il payait à son professeur un *potarat,* qui ne contenait pas moins de cinq à six litres; mais hâtons-nous de dire que tous les autres professeurs étaient aussi invités à la fête.

Ce potarat était un pot, un broc en bois cerclé de fer et recouvert de partout d'une belle et chaude couleur purpurine, au contact de laquelle la trogne du vieux père Marmet était venue se culotter.

Le père Marmet, complètement illettré, on le sait, eut un jour avec un maître d'études au Lycée, habitué des bêches, une discussion sur les mérites particuliers de leur profession; nous n'en rapporterons que la fin, qui était comme le coup de boutoir d'un homme peu endurant et peu soucieux de se laisser *entortiller* par de belles paroles: « ....Moi, je suis plus utile que vous à la société, croyez-le bien, mon beau monsieur! J'apprends aux enfants à se sauver la vie!... tandis que vous, c'est des bêtises que vous leur dites.... A quoi ça leur sert-il, ça, voyons, franchement!... »

Les bêches étaient une pépinière de nageurs; ce qui donna lieu à cette locution connue de toute la France: Sais-tu lire, demandait-on à un jeune lyonnais? — Non!.. — Sais-tu nager? — Je suis de Lyon....

Les noms des plus intrépides nageurs formés à cette école, nous les avons encore présents à la mémoire; et c'est pour nous une douce joie lorsque nous avons l'occasion d'en parler.

Aucun ne craignait la Mort-qui-trompe; tous se jouaient au milieu de ses tourbillons, de ses remous, de ses *meuilles* perfides. Ils piquaient une tête de la pointe du mât, quelques-uns sautaient du haut du pont, quelques-uns même du toit de la maison assise sur la pile. Et tout cela sous les yeux d'une foule de curieux accoudés sur les parapets du pont, et des consommateurs du café *Neptune* établi sur la première pile.

Mais tous les habitués des bêches étaient loin d'être de cette force; les faibles ne s'éloignaient pas trop au large; leurs exercices se bornaient à de timides *brassées*, à quelques *plongeons*, à de vulgaires *haussepieds*, à des *aplats*, à des *paquets*, à la *planche*, les plus maladroits à de risibles *plataculs*; quelques-uns, les plus craintifs, faisaient usage de *lièges*, de *vessies*, de *ceintures gonflées*. Ils ne se mettaient jamais à l'eau qu'après s'être assurés qu'elle était *bonne* et après s'être *guéris*.

Que de beaux moments nous avons passés là, alors que nous faisions l'école buissonnière, mangeant, buvant avec les patrons : on était là comme chez soi ! Dirons-nous que nous faisions même des parties de billard ? Voici comment.

On traversait le Grand-courant, on abordait au pied des maisons qui, d'un côté, donnaient sur la rue de la Pêcherie, de l'autre, sur la rivière; on montait un escalier tortueux, au haut duquel se trouvait un petit café. Là, *in naturalibus*, mais la jaquette en plus, on buvait un verre de bière et on jouait au billard; après quoi, on regagnait les bêches par le même chemin !... Que de bons éclats de rire, que de plaisanteries !... Ah ! c'est qu'alors on voyait tout en rose et qu'on était entre quinze et dix-huit ans ! Jeunesse, insouciance, qu'êtes-vous devenues ? et nos vieux camarades ? La plupart ont disparu ; quelques-uns, en petit nombre, sont aujourd'hui de savants magistrats, de graves médecins, d'intelligents professeurs, d'éminents artistes, de riches négociants, et même de grands politiciens...

Dès les premiers beaux jours, ces braves Marmet et toute leur smala remontaient leurs bêches de la Quarantaine, et venaient prendre position contre la pile du pont. Elles étaient repeintes tout battant neuf, ornées de gros bouquets et de branches de verdure. La saison finie, ils les redescendaient à la Quarantaine, où elles passaient l'hiver ; c'est là qu'ils habitaient.

Le reste de l'année, ils redevenaient fûtiers, pêcheurs, modères, crocheteurs, chefs de rigues. Ils organisèrent la compagnie des jouteurs sous le premier Empire. L'un d'eux fut longtemps syndic de la corporation. Leur vie se passait sur la Saône. Braves gens ! que d'actes de dévouement de leur part ; ils n'hésitaient pas à se jeter dans la rivière, au milieu des flots soulevés et de la débâcle des glaces, pour voler au secours de malheureux tombés accidentellement et se débattant contre une mort certaine.

CHAPITRE XXIII

LES MASCARADES AU TEMPS JADIS

as de fêtes nautiques, pas de belles joutes sans les Marmet ; et pendant le carnaval, on les voyait encore dans la bande des *Souffleurs*, vêtus d'une belle chemise blanche, enjolivée d'un cordon rouge sur toutes les coutures et bordée d'une riche dentelle ; pour coiffure, le classique bonnet de coton historié et orné d'un gland qui le faisait retomber avec grâce sur l'épaule gauche. Les uns portaient un petit soufflet, les autres une longue seringue, et tous, en cadence, exécutaient avec ces instruments certains simulacres grotesques qui excitaient les rires des spectateurs. Parlerons-nous de l'immense tambour-major qui marchait fièrement à leur tête, et de la musique qui faisait entendre les airs les plus bruyants, les marches les plus entraînantes.

Les Souffleurs ne se composaient que des hommes de rivière ; leur commandant était le beau Sanaoze, syndic des crocheteurs du Rhône.

Le dernier jour du carnaval, le dimanche des Brandons, la bande se réunissait aux bandes des autres quartiers de la ville, et aux cavalcades particulières, et, tous ensemble, on se dirigeait sur Saint-Fons, où l'on faisait une station prolongée dans les nombreux cabarets de la localité.

Au retour, la bande de Saint-Just, arrivée sur la place des Minimes, mettait le feu à un mannequin représentant *Mardi-Gras*, et faisait tout autour du foyer de bruyantes farandoles. Tous les hommes de cette bande étaient déguisés en *Gagne-petits*.

Celle de Bourgneuf, sous les ordres du colossal Exbrayat, couvert d'une peau de lion et armé de la massue d'Hercule, était composée de chevaliers du moyen-âge, de turcs, de sauvages, de nègres, de pierrots, d'arlequins, de classiques paysans porteurs de carottes monstrueuses et échangeant les quolibets les plus... risqués avec les jeunes femmes qui assistaient curieuses au défilé. N'oublions pas l'aimable cantinière, fille ou femme d'un des héros de la bande, ni les petits enfants costumés en amours, et tout heureux de suivre leurs parents.

Arrivée sur le pont de Pierre, cette bande s'arrêtait un instant sur l'Arche-Merveilleuse, balançait un mannequin dans un filet, en criant : une, deux, trois, saute Mardi-Gras ! puis le lançait dans les eaux profondes de la Saône.

Pour en finir avec ces bandes, nous rappellerons que, en 1823, alors que le gouvernement entreprenait la guerre d'Espagne, et que notre fabrique de soierie traversait une crise violente, bon nombre de jeunes gens du haut commerce profitèrent du carnaval pour faire au gouvernement de l'opposition à leur manière. Réunis en bande comme un cortège d'enterrement, et travestis sous la robe de pénitents noirs, un cierge à la main et psalmodiant les litanies des morts, ils accompagnèrent un char funéraire sur lequel se trouvait Mercure, le génie du commerce, étendu dans un cercueil, et couvert de crêpes de deuil. Sa main avait laissé échapper son caducée, et des cornes d'abondance vomissaient des protets, des faillites, des jugements, des saisies et des ventes forcées. Le char contenait en outre les divers ustensiles qui constituent un métier de soierie. Après une marche funèbre dans la ville, le cortège arriva sur le pont du Change. Là, les pénitents récitèrent les dernières prières des morts, et précipitèrent dans la rivière ce que le char contenait, à l'exception toutefois de Mercure.

Cette mascarade fit grand bruit dans le temps. Six mois de prison infligés à Mercure par la police correctionnelle, quelques jours seulement à ses compagnons, et une amende pécuniaire proportionnée à la position de chacun, en fut le dernier épisode.

Mais cela est déjà de l'histoire ancienne. Plus de

ces fêtes populaires dont l'origine remontait au moyen-âge! plus de ces bandes pittoresques dont le défilé jetait tant d'animation sur nos places et sur nos quais!... Aujourd'hui les masques sont ailleurs que dans la rue...

Le dernier événement un peu important dont le pont du Change fut le théâtre eut lieu le 1ᵉʳ mai 1845.

C'était le jour de la fête du roi, la foule était nombreuse sur les quais et sur le pont de Pierre pour admirer le feu d'artifice tiré sur le pont Tilsitt vers neuf heures du soir. La dernière fusée lancée et le bouquet éteint, chacun songea à rentrer chez soi, et deux courants s'engageant en sens contraire vinrent se heurter et se briser au milieu du vieux pont. Dix personnes furent étouffées, écrasées, et un grand nombre blessées plus ou moins grièvement; quelques-uns même tombèrent dans la Saône et sur les roches, en cherchant à sauter sur le pont de service établi pour faciliter les travaux du nouveau pont qui était alors en construction.

CHAPITRE XXIV

LES ROCHES DE LA SAÔNE

E pont de l'archevêque Humbert dura plus de huit siècles, et l'établissement nautique des Marmet, après cent ans d'existence, disparut en même temps que le vénérable édifice du moyen-âge.

Les anciens plans de Lyon, les gravures du siècle passé, celles de Boissieu entre autres, des lavis, des aquarelles, des lithographies de Guindrand et de Leymarie, nous ont conservé l'aspect que présentait cet antique et pittoresque monument. En effet, avec ses arches et ses piles irrégulières, ses maisons décrépites penchées sur la rivière, le curieux café *Neptune*, les roches, tantôt à découvert, tantôt cachées, suivant le niveau de l'eau ; avec la belle perspective des quais de Bondy et de Saint-Vincent, dominés par les clochers de Saint-Paul et de Saint-Louis, par l'ancien couvent des Grands-Capucins, par celui des Carmes-Déchaussés, par la chapelle de Fourvière si chère à tous les Lyonnais, par le coteau des Chartreux, son dôme et son église qui émergent d'un océan de verdure ; ce pont offrait un tableau saisissant de beautés exceptionnelles et disparues à tout jamais....

Aussitôt que le nouveau pont fut achevé, on opéra la démolition de l'ancien ; et cette démolition amena la découverte d'un grand nombre de pierres antiques sur lesquelles on découvrit de belles inscriptions latines disposées aujourd'hui sous les portiques du Palais des Beaux-Arts.

Les constructeurs du xi ͨ siècle y avaient fait entrer beaucoup de matériaux provenant d'anciens monuments romains, nombreux alors dans la vieille cité.

De ces matériaux les plus remarquables, l'un porte une inscription en l'honneur de Lucius Besius, chevalier romain, inspecteur de la navigation sur le Rhône et la Saône, et receveur général de la Gaule celtique.

Un autre, autel taurobolique, est orné sur ses faces latérales d'une tête de taureau surmontée du couteau des sacrifices, et sur la face principale d'une inscription très intéressante pour notre histoire locale.

D'après le savant archéologue lyonnais, M. Alphonse de Boissieu, un de ces autels fut érigé par deux femmes pour le salut de l'empereur Lucius Severus Pertinax, Auguste, et de *Decimus Clodius*

Septimus Albinus, César, et pour l'affermissement de la colonie Copia Claudia Augusta de Lugdunum.

Les mots tracés en italique auraient été effacés sur le monument, et c'est ainsi que M. de Boissieu a cru devoir les rétablir, expliquant la mutilation par le thème suivant.

Après la défaite d'Albin par Sévère, une réaction politique contre le vaincu ou l'adulation pour le vainqueur fit effacer le nom d'Albin de ce taurobole, et peut-être aussi de tous les autres monuments où il pouvait être placé.

De nos jours et dans tous les temps, n'en est-il pas de même ?

Les roches granitiques qui surgissaient au milieu de la Saône, en amont et en aval du pont, ne laissaient au passage des eaux, avons-nous déjà dit, qu'un étroit chenal entre elles et les deux rives. Le chenal de la rive gauche était, malgré la rapidité du courant, seul praticable à la navigation, difficile en toutes saisons, périlleuse quelquefois ; c'était à force de bras et grâce à un puissant remorqueur que les bateaux pouvaient le remonter. Les crêtes de ces roches s'élevaient à plusieurs mètres au-dessus du niveau des basses eaux ; dans les fortes crues, elles disparaissaient, mais leur présence était indiquée par un bouillonnement écumeux et tourmenté, qui aurait englouti l'embarcation la plus solide, si elle avait eu l'imprudence de s'aventurer en cet endroit.

Depuis bien des années on avait eu l'idée de profiter de cet emplacement pour y asseoir quelque édifice public. En 1563, on pensa l'utiliser pour l'Hôtel-Commun. Le plan était dressé, la dépense discutée, seules les difficultés du temps firent ajourner le projet par le Consulat.

En 1634, un brevet du roi concéda au marquis d'Halincourt, gouverneur de la province, cet emplacement pour y bâtir des maisons et ériger au milieu d'elles la statue équestre de Louis XIII. Le gouverneur n'y donnant pas suite, il abandonna sa concession.

Plus tard, on reprit ce projet avec l'intention d'y placer un vaste marché public, on songea aussi à y édifier le Palais de Justice. De beaux dessins, œuvre de l'architecte Baltard, furent exposés; ils séduisirent tout d'abord les esprits que l'amour des conceptions hardies entraîne toujours; mais ils furent refusés par le Conseil général du département.

On se borna donc à rechercher les moyens de faire disparaître les roches. Déjà, d'après une note puisée dans les archives de 1516, on avait émis le vœu d'opérer l'extraction de ce massif. L'ordre avait même été donné à Edmond Grand, voyer de la ville, d'en rechercher les moyens.

Il fallut attendre l'arrivée de Napoléon III à la tête du gouvernement pour réaliser cet important projet et mener à bien ce travail difficile.

Profitant des basses eaux, le corps des Ponts et Chaussées entoura le massif d'un batardeau; on mina le rocher et tous les matins les coups de mine, aussi forts et aussi nombreux que le canon en un jour de bataille, brisaient le granit dont les éclats volaient du sein de la rivière, préparant la besogne à cinq cents travailleurs occupés avec activité à enlever les matériaux disloqués.

Les travaux durèrent plusieurs années ; chaque crue les entravait ; il fallait recommencer, reconstruire le batardeau, et à force de pompes aspirer l'eau qui avait envahi l'intérieur des chantiers et les remettre à sec.

Enfin on eut raison de tant d'obstacles, de tant de difficultés. Le niveau de l'eau est régularisé, la Saône est aujourd'hui navigable dans toute la largeur de son lit. Les bateaux à vapeur, les *Guêpes*, les *Mouches*, les *Hirondelles*, les embarcations de toutes sortes circulent sans danger sur une surface unie.....

CHAPITRE XXV

SIBYLLE CADIÈRE

ERRIÈRE le temple des Protestants, et au pied de la colline, serpente une petite ruelle, qui tend de la rue de la Loge-du-Change à la place du Petit-Collége. On y voit les restes de l'ancien hôtel des Gadagne, famille florentine qui s'enrichit à Lyon dans la banque et le commerce. Riche comme Gadagne! devint dès lors une locution populaire employée pour désigner un individu favorisé des dons de la fortune. Un de ces Gadagne fut gouverneur de notre province et sénéchal de Lyon en l'année 1600.

Dans quelques-unes de ses parties, cet hôtel, divisé actuellement en trois maisons particulières portant les numéros 10, 12, 14, mérite d'être étudié d'une façon toute spéciale. C'est un spécimen très curieux de l'architecture et de l'ornementation à la mode du xvi° siècle. Une tourelle à plusieurs pans renferme l'escalier à noyau; les marches s'appuient sur une colonne élégamment contournée. De vastes salles, divisées par de vulgaires cloisons, et appropriées à de petits ateliers, à des logements d'ouvriers, occupent les étages supérieurs; mais quelques-unes, conservées intactes, dépendaient d'une vieille auberge située au rez-de-chaussée.

Au fond de l'allée, voici une première cour, puis une seconde en haut d'un escalier, enfin des jardins qui donnaient sur la montée du Garillan, et montaient de terrasse en terrasse jusqu'auprès de la maison des Gondi, que nous avons décrite dans un chapitre précédent.

Mais le morceau le plus curieux qu'on peut voir dans ce vieil hôtel, et qui attire nombre d'amateurs, est la *Grille-Merveilleuse*, chef-d'œuvre d'un compagnon serrurier du xvi° siècle. Cette grille, en fer forgé, dont il est assez difficile de comprendre à première vue la disposition, se compose de barreaux artistement enchevêtrés les uns dans les autres. Elle est placée dans une fenêtre du rez-de-chaussée, à gauche de la tourelle de l'escalier, et donne jour dans une cave.

La place du Petit-Collége fait suite à la rue de Gadagne. Là, prend naissance la montée du Garillan. Les vastes et lourds bâtiments du Petit-Collége sont adossés à la montagne, où se trouvent aussi plusieurs jardins en terrasse.

« Cet établissement, dit Paul Saint-Olive, fut fondé dans la maison de Charles Laubat, par M™° Gabrielle de Gadagne, marquise de Chevrières, qui, en 1628, donna aux jésuites du collége de la Trinité une somme de 24,000 livres pour établir un second collége dans le quartier de l'Ouest. Le 16 septembre 1630, le Consulat approuva cette fondation, et la nouvelle école fut ouverte l'année suivante. Elle reçut le nom de Notre-Dame de Bon Secours; mais la dénomination de Petit-Collége a prévalu. Les échevins lui accordèrent une pension annuelle de 2,000 livres; et le roi Louis XIII en donna une autre de même somme. Le P. La Chaize était recteur de ce collége, et peu après il passa à celui de la Trinité. »

Ce fut à sa requête qu'un acte consulaire accorda aux jésuites une somme de 6,000 livres pour faire construire les bâtiments actuels. Cette construction eut lieu sous la direction de van Risambert, architecte, sous l'administration de Camille Perrichon, prévôt des Marchands, de 1630 à 1639.

En 1763, les jésuites furent remplacés par les oratoriens, et à l'époque de la Révolution, on ferma cet établissement scolaire. En 1802, sous la protection du cardinal Fesch, archevêque de Lyon, les frères de la Doctrine chrétienne y formèrent le centre de leur congrégation.

La Faculté de théologie tient ses séances dans une des salles de ce local, et la mairie du 5° arrondissement y est installée, ainsi qu'une école municipale de jeunes filles. La chapelle était desservie par des prêtres parlant l'allemand; et les Alsaciens établis dans notre ville y entendaient la prédication et suivaient les offices, où le français cédait la place à la langue allemande. Cette chapelle a été entièrement dévastée à la suite du Quatre-Septembre, et l'entrée en est fermée. Tout le mobilier ayant été détruit, on fut dans l'impossibilité d'y célébrer le service divin.

Sur l'emplacement limité entre la place du Change, la rue Saint-Jean, la rue Porte-Froc, la place du Petit-Collége et le pied de la montagne, on voyait jadis plusieurs maisons, dont la plus importante était qualifiée de : belle, antique et somptueuse. Au milieu de ces maisons, on trouvait une grande et belle cour, qui donna son nom au quartier; un jardin s'étendait sur la colline jusqu'auprès de la montée Saint-Barthélemy.

Ces divers immeubles, dont nous avons pu indiquer la position, grâce aux notes que nous a communiquées M. Vermorel, ex-voyer en chef de la voirie de Lyon, avaient appartenu successivement à plusieurs familles, avant de devenir, en partie, la propriété de Catherin Stuard, bourgeois et marchand de Lyon.

La femme de ce riche marchand, Sibylle Cadière, était renommée non seulement par ses grâces et sa beauté, mais encore par une foule de talents agréables. Les poètes, les savants, les beaux-esprits, les artistes et les littérateurs de la ville étaient ses commensaux et lui formaient une cour assidue; les grands seigneurs, les chanoines-comtes de Saint-Jean, les princes, les souverains même qui s'arrêtaient à Lyon tenaient à honneur de lui être présentés et de lui offrir leurs hommages.

Au mois de décembre 1464 le duc Savoie, Louis Ier, époux d'Anne de Lusignan, fille du roi de Chypre, vint à Lyon où il avait donné rendez-vous à son gendre Louis XI, qui se trouvait alors à Moulins. Ces deux souverains avaient à s'entretenir de la conjuration, dite du Bien-Public, tramée entre les princes du Sang et les grands vassaux du royaume. Le duc logeait dans le couvent des Célestins ; il était accompagné d'une société nombreuse.

Pendant son séjour à Lyon, et en attendant son royal gendre, il rendit plusieurs visites à la belle Sibylle dont il prisait fort l'esprit et l'amabilité.

Ce fut pendant une de ces visites que, pris d'un de ces accès de goutte auxquels il était sujet, il mourut dans le salon de cette dame, le 29 janvier 1465. Transporté immédiatement aux Célestins, on procéda à ses funérailles. Son cœur fut enfermé dans un caveau de la chapelle, où l'on a pu voir jusqu'en 1787 une épitaphe en vers latins composée en l'honneur de ce prince ; son corps, revêtu de l'habit de saint François et conduit à Genève, fut déposé auprès de celui de sa femme, Anne de Chypre.

« La chronique latine, dit Guichenon, remarque que, dès qu'il fut décédé, tous les seigneurs et gentilshommes de sa cour se retirèrent, ne demeurant personne de considération auprès de lui que Jacques de Savoie, son fils ; Louis, fils du marquis de Saluces ; Aymard de Poizieu, chevalier, dit Capdorat, gentilhomme dauphinois renommé par sa valeur, et le seigneur de Coudrée, de la maison d'Alinges en Savoie »

La fille de Sibylle Cadière, Joséphine Stuard, devint l'épouse de Georges Grollier, secrétaire de la ville de Crémone ; elle se livrait aussi au culte de la poésie. Le recueil des œuvres de Bonaventure des Périers contient une pièce de vers de sa composition.

Aux réunions que présidaient la belle Sibylle et son aimable fille, allaient succéder celles non moins brillantes de ce XVIe siècle si célèbre par l'éclat que ses grands hommes et ses femmes illustres ont jeté sur l'histoire littéraire de notre ville de Lyon.

CHAPITRE XXVI

LA RUE DU BŒUF

A rue du Bœuf qui part de la place du Petit-Collège est une des plus curieuses de ces vieux quartiers; il s'y trouve plusieurs maisons remarquables, autant par leur architecture que par les familles qui les habitèrent. Son nom lui vient d'un bœuf placé dans une niche ménagée à l'angle de la rue et de la place Neuve. Ce morceau de sculpture est attribué au fameux Jean de Bologne.

La maison qui porte le numéro 1 nous montre une jolie allée et un intérieur de cour de style ogival; elle traverse dans la rue Saint-Jean.

Une autre maison, le numéro 12, appartenait aux Croppet de Varissan; elle rappelle un fait historique que nous ont conservé les écrivains lyonnais.

Un puits dans la cour était surmonté d'une espèce d'obélisque en pierre. Cette décoration fut élevée par les comtes de Saint-Jean pour perpétuer la mémoire d'un Croppet, secrétaire du chapitre métropolitain, qui, lors du pillage de la cathédrale par les huguenots, en 1562, sauva une partie des reliques, des archives et des trésors de l'église, et les cacha dans le puits de sa maison. La reconnaissance du chapitre ne se borna pas là; elle fut complétée par le privilège de faire sonner la grosse cloche à la mort de chacun des membres de cette famille, ce qui ne se faisait que pour l'archevêque et les chanoines de Saint-Jean.

La cour dont nous venons de parler, méconnaissable aujourd'hui, est recouverte d'un vulgaire ciel-ouvert, et est occupée par un atelier de poëlier-fumiste; le puits et la pyramide ont disparu. On y voit cependant encore un élégant pendentif avec une fort jolie frise qui court au-dessus de deux arceaux à plein cintre dissimulés par une cloison en plotets. Cette cloison sépare la cour-atelier d'une allée très obscure qui aboutit au pied d'une belle cage d'escalier.

Une autre maison, le numéro 16, très curieuse par sa façade à bosselage, sa porte à fronton dont le tympan est orné d'une adoration des Anges, la grosse tour ronde de l'escalier, ses terrasses et ses galeries, fut possédée par Pierre Bullioud, procureur du roi, avocat général au parlement de Dombes, et savant écrivain.

Un soir, en l'année 1589, il y réunit à souper

six personnages de ses amis, et des plus illustres. Ce repas fut appelé le festin des Sept-Sages.

Elle avait appartenu précédemment à Balthazar de Villars, lieutenant général de la sénéchaussée de Lyon. La famille de Villars donna à la ville trois prévôts des Marchands, plusieurs magistrats, et à l'Eglise un évêque qui devint ambassadeur de Louis XII auprès du pape Jules II, et plus tard grand aumônier de François 1er.

Cette maison fut occupée pendant de longues années par les Sœurs-Charlotte, communauté qui retirait les domestiques sans place et se chargeait de leur en procurer une nouvelle, moyennant une faible rétribution.

Plus loin, au numéro 19, maison de l'époque de transition du gothique à la renaissance. Sur la façade, bas-relief encadré qui représente des arbres où sont perchés plusieurs oiseaux; au-dessous, un gros oiseau, une outarde, et un petit quadrupède, fouine, belette ou renard; pour légende: *à. l'outarde. d'or. ie le vaux mieux*.

La rue du Bœuf finit au pied de la montée du Chemin-Neuf, à côté de la rue de la Bombarde, en face de la rue Tramassac.

CHAPITRE XXVII

LA RUE SAINT-JEAN

EVENONS à l'entrée de la rue Saint-Jean. La maison du numéro 7 possède une jolie façade ornée de croisées ogivales, dont le style rappelle le siècle de saint Louis. Celle du numéro 9 est une des plus intéressantes que l'on puisse étudier dans ce quartier. Elle est du xve siècle; l'escalier surtout est remarquable par un pilier central sur lequel viennent s'appuyer les marches en colimaçon. Ce pilier, semblable à celui de l'hôtel de Gadagne, est cannelé et décrit une hélice pleine de goût et d'harmonie. La maison, dans son ensemble, est fort bien entretenue. Elle appartenait à un architecte bien connu de nos archéologues, M. Louis Perret, auteur de la *Rome souterraine*, précieux ouvrage, fruit de cinq années de

travaux et de recherches dans les catacombes de la ville Eternelle, et fort instructif au double point de vue de l'art et du christianisme.

L'assemblée nationale, en 1850, sur le rapport du savant Vitet, a accordé une somme de 100,000 fr. à L. Perret pour lui faciliter la publication de la *Rome souterraine*.

La maison numéro 11 est aussi de la même époque que la précédente; mais son état de délabrement et sa malpropreté ne permettent pas d'en apprécier, comme on le désirerait, les détails qui ornent son allée et sa cour. Une porte placée au pied de l'escalier est surtout riche d'un motif bien composé et finement sculpté. Il appartient à l'ogival tertiaire, son arc est surbaissé. Les retombées des nervures s'appuient sur les attributs des quatre évangélistes, mutilés en partie. L'une d'elles rompt disgracieusement la galerie à jour placée au-dessus de l'arc. Sur la voûte qui le couronne, s'épanouit un fleuron en feuillages qui supportait une statuette brisée depuis longtemps.

Cochard prétend que cette maison faisait partie de l'hôtel du Gouvernement et qu'elle servait d'hôpital pour les gens attachés au service du gouverneur. Quoi qu'il en soit, la façade qui donne sur la rue est tout à fait insignifiante.

Nous débouchons sur la place du Gouvernement. Ici encore, deux maisons à étudier; l'une est du commencement du siècle passé; ses lignes sont pures, correctes, ses ouvertures spacieuses, régulières; mais tout cela un peu froid. L'autre, au contraire, est une habitation historique, aux formes architecturales si belles comme détails et comme ensemble, et que tout dénote comme datant du xvi⁰ siècle.

« La façade sur la place se compose de trois étages principaux, éclairés par des fenêtres rectangulaires. Au rez-de-chaussée sont pratiquées deux larges baies, cintrées en anse de panier. L'une forme l'entrée des caves transformées en écuries; l'autre se distingue par son archivolte et donne entrée dans une espèce de porche où se trouve le départ de l'escalier, qui s'étend en rampe droite au niveau de la cour, dont le sol est à la hauteur des appartements du premier étage. La rampe est abritée par une petite construction que supportent des piliers isolés et une voûte à nervures très remarquable. »

A l'angle sud-est de la cour, on voit un puits au-dessus duquel se trouve une coquille d'un style moins ancien que celui de l'édifice.

Une vaste cuisine qui est à côté du puits, montre une cheminée dont le manteau très saillant mesure quatre mètres de largeur.

Cette ancienne et magnifique habitation qui avait une façade et des terrasses sur la Saône, est aujourd'hui transformée en auberge, au-devant de laquelle font station des pataches qui desservent la banlieue de Lyon et nombre de charrettes de coquetiers.

Elle fut bâtie, dit-on, par la famille Falque d'Aurillac et prit le nom d'hôtel du Gouvernement depuis que le comte de Sault, gouverneur de Lyon, en fit sa résidence en 1512. Six autres gouverneurs l'habitèrent successivement: Mandelot, d'Halincourt, Nicolas de Neuville de Villeroy, l'archevêque Camille de Neuville, le maréchal de Villeroy et son fils le duc de Villeroy.

En 1734, ce dernier vendit cet hôtel au Consulat, qui le revendit à M. Boulard en 1768.

Parmi les grands personnages qui y séjournèrent, on peut citer le comte de Soissons, la reine Christine de Suède, le prince et la princesse de Conti; mais les plus illustres furent les rois Charles IX et Henri IV.

« Le maréchal de Villeroy, nous apprend M. Emmanuel Vingtrinier, dans son beau volume sur *le Théâtre à Lyon au XVIIIe siècle,* voulant avoir ses comédiens ordinaires dans sa vice-royauté, quand il lui plaisait d'y tenir sa cour, fit construire une salle de spectacle dans une dépendance de son hôtel. Ce fut dans cette salle que fut représentée, en 1712, une tragédie d'*Œdipe*, du P. Folard. »

On y jouait la comédie, on y chantait l'opéra, on y dansait le ballet, on y donnait même des concerts et des bals.

En 1720, la duchesse de Modène, fille du régent, étant de passage à Lyon, fut conduite au spectacle par Mgr l'archevêque de Rochebonne, qui faisait à cette princesse les honneurs de la ville.

Cette salle fut incendiée en 1732, mais elle fut relevée aussitôt.

Des réjouissances extraordinaires y eurent lieu pour le mariage du roi, et plus tard à l'occasion de la naissance du Dauphin, dont la nourrice était de Lyon.

En 1727, un nouvel incendie détruisit cette salle, et, de l'avis du Consulat, on choisit un autre local.

Ce local faisait partie du jardin de l'Hôtel-de-Ville et s'étendait jusqu'auprès du Rhône. On y construisit, en 1734, sur les plans de Soufflot, le Grand-Théâtre qui, à son tour fut remplacé en 1827, par le monument actuel dû à Chenavard et à Pollet. L'ancien jardin est devenu la place de la Comédie.

Avant d'être appelés dans l'hôtel du Gouvernement, les anciens acteurs donnaient leurs représentations dans une salle située près du couvent et de l'église des Augustins, puis dans le jeu de Paume de Saint-Paul, ensuite dans une salle de la rue du Garet, enfin dans une maison de la place Bellecour.

En 1780, la place du Gouvernement vit se dresser le bûcher sur lequel fut jetée Thérèse Judacier, convaincue d'avoir empoisonné sa mère et ses sœurs et d'avoir voulu empoisonner son père. Avant d'être brûlée, elle avait eu le poing coupé sur la place Saint-Jean, après avoir fait amende honorable sur le parvis de l'église, en chemise et la tête couverte du voile noir des parricides.

CHAPITRE XXVIII

LE PALAIS DE JUSTICE

OUR un instant, quittons la rue Saint-Jean. Sauf une porte d'allée, style renaissance, malheureusement détériorée dans plusieurs de ses parties, la place de la Baleine ne présente rien qui soit de nature à satisfaire la curiosité de l'amateur.

Mais par compensation, la rue des Trois-Maries lui offre quelques maisons du xviie siècle, intéressantes en ce sens qu'on peut y étudier la transition de l'ogival à la renaissance. Sur les portes du numéro 5 on voit une Sainte-Vierge et le divin enfant. Au numéro 11 existe un groupe en relief de trois statuettes, assez bien réussies, représentant la Vierge-Marie, Marie-Madeleine et Marie-Jacobée, d'où le nom de la rue. La façade est bien conservée: fenêtres à consoles reposant sur des têtes d'ange.

Plus loin, le Palais de Justice occupe un vaste emplacement compris entre les rues Saint-Jean, du Palais, de la Bombarde et le quai, où se développe sa façade principale.

Cet édifice remarquable est l'œuvre de M. Baltard. La première pierre fut posée le 28 juillet 1836 ; les travaux durèrent plusieurs années et entraînèrent une dépense de plus de huit millions.

« La partie saillante de l'édifice, celle qui frappe au loin les regards, dit un écrivain, c'est la façade située sur le quai de la Saône ; cette façade consiste en une colonnade corinthienne portée sur un soubassement en pierres de taille de trois à quatre mètres de haut. Cette colonnade est composée de vingt-quatre colonnes cannelées en pierre de Villebois et dont le fût a environ onze mètres de longueur. Son entablement est surmonté d'un attique, divisé en compartiments rectangulaires par des acrotères correspondant au droit de chaque colonne et couronnés par un ornement formant dentelure. Le perron par lequel on s'élève jusqu'au péristyle correspond aux quatre colonnes du centre. Une barrière en fer d'un beau et large style la ferme à peu près au milieu de sa hauteur, et s'appuie de chaque côté sur deux socles qui attendent les lions de bronze dont ils doivent être ornés. »

Du perron et du péristyle, on entre dans la vaste et belle salle des Pas-Perdus, d'où plusieurs vestibules se dirigent dans toutes les parties de l'édifice:

dans les Chambres des cours et des divers tribunaux, au tribunal de première instance, au Parquet, dans la Chambre du conseil, dans la Chambre de discipline des avocats, des avoués, des huissiers, dans les greffes, dans celle du jury, dans celle de la police correctionnelle, et dans toutes les salles nécessaires à l'administration de la justice.

La salle de la cour d'assises renferme, au-dessus du fauteuil du président, un fort beau Christ de grandeur naturelle peint par Bonnefond, et la porte est ornée d'un groupe par Legendre-Hérald, représentant, au milieu de sujets allégoriques, la ville de Lyon recevant de Mercure le plan du palais que l'architecte tient déroulé devant elle.

Le Palais de Justice est complété par divers corps de bâtiments formant façades sur les rues Saint-Jean, de la Bombarde et du Palais, et renfermant les prisons, dites prisons de Roanne. Un chemin de ronde circule sur les murs qui divisent les cours intérieures affectées aux promenades que tous les jours on accorde aux prisonniers.

L'emplacement du Palais de Justice a subi les fortunes les plus diverses depuis la fin du ve siècle. A cette époque, disent quelques traditions, Gondebaud, roi de Bourgogne, qui avait établi à Lyon le siège de ses Etats, y fit construire un palais sur les ruines d'un monument romain.

D'autres traditions lui donnent une origine encore plus ancienne, et prétendent qu'il fut bâti par une sainte dame lyonnaise nommée Rhodana, qui souffrit le martyre sous l'empereur Septime-Sévère.

Au vi⁰ siècle, ce palais, dont on retrouve une réminiscence dans le nom de *vicus palatiæ* donné à une partie de la rue Saint-Jean, serait devenu la propriété des archevêques de Lyon, jusqu'au moment où, modifié, remanié, il aurait passé aux mains des comtes de Forez, soit par usurpation, soit par succession à la suite de la mort de deux membres de cette famille, chanoines de Saint-Jean, auxquels sans droits positifs, dit-on, il aurait appartenu à la fin du xii⁰ siècle.

Ces chanoines étaient Giraud et Guillaume de Roanne, puînés des comtes de Forez. Depuis lors, il aurait pris le nom de palais de Roanne.

Tout cela, on le voit, est bien hypothétique, et chaque historien a brodé sur ce thème les versions les plus contradictoires, que nous ne saurions répéter. Mais voici en deux mots ce que les documents originaux nous ont appris sur l'origine du palais de Roanne, et que nous devons à l'obligeance inépuisable de notre bon ami M. Guigue, archiviste du département.

Ce palais, vers le milieu du xii⁰ siècle, n'était qu'une maison ordinaire agrémentée d'un courtil, le tout confiné par la Saône et la chapelle de Saint-Alban. Elle dépendait de la directe des custodes de Sainte-Croix, auxquels elle devait un cens annuel de vingt-un deniers forts de Lyon.

Elle était innommée alors, et appartenait à un chanoine du nom d'Illion, qui assigna sur elle une rente de mille sous pour le service de son anniversaire.

De 1173 à 1209, elle fut possédée par le chanoine Héraclius de Roannais, ce qui la fit nommer *Domus Heraclii de Roannes*. Ce chanoine la transmit à son neveu Guillaume de Roanne ou de Roannais, aussi chanoine de Saint-Jean. Ce dernier, par son testament du mois de septembre 1265, la légua à son ami Hugues de la Tour, sénéchal de Lyon.

Hugues de la Tour la transmit à son frère Humbert I*er*, dauphin de Viennois en 1282, qui reconnut, au mois de décembre 1288, la tenir, sous l'ancien cens de vingt-un deniers, de l'église de Sainte-Croix et des custodes Jean Parpeile et Ponce de Vaux.

En 1343, le dauphin Humbert II, décidé à se retirer du monde, la céda avec son riche héritage à la France. Le roi y installa des officiers, malgré la résistance du chapitre. Elle devint ainsi maison royale *(domus regia)*; puis, lorsqu'elle fut devenue le siège de la justice ordinaire, dans la langue juridique, on lui donna le nom de *Palais*, et, dans la langue vulgaire, celui de Palais de Roanne.

Ces officiers royaux avaient la garde de la ville, en même temps que l'administration de la justice, qui, auparavant, était rendue au nom des archevêques, seigneurs spirituels et temporels de la cité. L'atelier monétaire qui, jusqu'en 1415, avait fonctionné à Mâcon, fut transporté dans le palais de Roanne.

Cet ancien palais fut gravement endommagé par

un incendie, en 1622, et réparé immédiatement après. Mais il devenait insuffisant pour les différents services qu'on y avait concentrés. On acquit l'hôtel de Fléchère, qui le confinait au midi ; on l'agrandit, on le disposa pour sa nouvelle destination, et on y transporta le siége de la justice, des cours et tribunaux. L'ancien palais de Roanne resta affecté aux prisons ; et en 1784, on chargea l'architecte Bugnet de rebâtir sa façade sur le quai. Lourde, en grosses pierres de taille, percée d'une seule porte très basse, qui ne s'ouvrait que pour livrer passage aux condamnés à mort, cette façade avait une physionomie sévère ; elle donna lieu à ce proverbe lyonnais : *Triste comme la porte de Roanne*, appliqué à tout individu à figure sinistre.

Quant à l'hôtel de Fléchère, il fut démoli en 1806, et les travaux de reconstruction furent aussitôt commencés, mais restèrent inachevés.

Depuis l'année 1836, avons-nous dit, tout le pâté renfermant les prisons, le Palais de Justice, les divers bâtiments contigus, des ruelles, des impasses, des allées de traverse et de vieilles petites maisons, a disparu pour faire place au nouvel édifice que nous admirons aujourd'hui.

Un élégant jardinet règne le long de la colonnade et de chaque côté du perron. En face est le pont suspendu du Palais.

Le pont du Palais-de-Justice a remplacé celui qui fut emporté par la grande inondation de 1840, et qui était très élégant. Ce dernier avait succédé à un pont de bois, simple passerelle, que sa couleur et sa légèreté faisaient désigner sous le nom de Pont-Rouge ou de Pont-Volant, et qui, lui aussi, avait été plusieurs fois détruit, soit par les grosses eaux, soit par les glaces au moment de la débâcle.

Autrefois, on voyait là un pont de bateaux, qui devait son origine aux grands pardons et au grand jubilé de Saint-Jean de 1546. Le Consulat, trouvant insuffisant le pont de Saône, vu l'affluence des citoyens qui, à l'occasion de cette fête, se rendaient dans les églises, avait ordonné la construction de ce pont, qui, de provisoire, dura pendant de longues années.

Le quai de la Baleine, aujourd'hui de l'Archevêché, date de 1573. Antérieurement à cette époque, depuis le pont de Saône jusqu'au port de Roanne, la grève était couverte de maisons qui baignaient dans la rivière. Sous Napoléon III, le quai a été reconstruit, rectifié, et la chaussée surélevée est mise désormais à l'abri des inondations. Quelques-unes des maisons sont modernes; la plupart datent des siècles précédents, et n'ont rien de particulier au point de vue artistique.

CHAPITRE XXIX

L'EXTÉRIEUR DE SAINT-JEAN

Nous allons continuer notre exploration le long de la rue Saint-Jean jusqu'à la cathédrale. Tout en passant, jetons les yeux sur les anciennes maisons qui se trouvent dans la rue, et qui offrent de curieux escaliers et de pittoresques intérieurs de cour. Mais signalons le numéro 27, élégant spécimen de la renaissance, et plus spécialement la maison qui forme l'angle sud-est de la rue de la Bombarde. Elle est de la plus belle époque du xvie siècle, alors que régnait en souveraine la dernière expression du style gothique, dit gothique fleuri. Il est toutefois à regretter que les fenêtres de cette maison aient perdu leur caractère original par l'enlèvement des meneaux et des croisillons qui les divisaient.

Elle fut construite par François d'Estaing, chamarier de Saint-Jean, et passa dans la famille de Rochebonne. Charles de Rochebonne, chanoine-comte et chamarier, y reçut Mme de Sévigné, en 1672, lors du voyage qu'elle fit en Provence pour aller voir Mme de Grignan, sa fille.

Cette maison est une des mieux conservées de toutes celles que nous avons mentionnées jusqu'ici, et qui remontent à la même époque. Dans l'escalier et dans la cour, la renaissance se montre à côté du gothique. Un puits, attribué à Philibert Delorme, est abrité sous un dais en forme d'arc de trompe, et couvert d'ornements imbriqués; il est couronné d'un lion tenant un écusson entre ses pattes de devant.

Voici la cathédrale! On ne doit pas attendre de nous une description détaillée de ce superbe et respectable édifice; des monographies spéciales l'ont traité à tous les points de vue. La plus complète est celle que vient de faire paraître M. Lucien Bégule, qui s'est chargé de la partie iconographique, et qui a confié à M. Guigue la partie historique. Notre rôle se bornera donc à une description des plus sommaires.

Les anciennes chroniques lyonnaises nous apprennent que les trois églises de Saint-Jean, de Saint-Etienne et de Sainte-Croix furent construites au IVe siècle, sur le lieu même qu'occupaient plusieurs monuments romains, renversés quand le christianisme sortit vainqueur de ses luttes avec le polythéisme.

Ces trois temples contigus avaient, dès le principe, chacun sa destination particulière : Saint-Etienne voyait se célébrer le service divin ; Sainte-Croix renfermait le saint Sacrement, et Saint-Jean était le baptistère. L'usage des premiers chrétiens voulait que les néophytes fussent baptisés en dehors et à côté des églises.

Cet état de choses dura jusqu'à l'invasion des Sarrasins, qui ne s'éloignèrent de notre ville qu'après avoir mutilé la plupart de nos édifices religieux.

Saint-Jean fut relevé de ses ruines par l'archevêque Leydrade avec la munificence de l'empereur Charlemagne.

A la fin du xie siècle, ce monument tombant de vétusté, sa reconstruction totale fut jugée nécessaire ; mais les travaux ne commencèrent que sous l'administration de l'archevêque Josserand, qui, dans les années comprises entre 1107 et 1118, fit faire à ses propres frais le chœur avec des *pierres précieuses et polies*, lesquelles provenaient en partie du Forum de Trajan et des autres monuments antiques, dont les ruines étaient dispersées sur le sol lyonnais.

Plusieurs de ces blocs portaient des inscriptions commémoratives, et quelques-unes d'entre elles, heureusement échappées à une nouvelle taille, sont restées enchâssées dans les murs de la *grande église* et ont été recueillies par nos épigraphistes, pour servir à l'histoire de la cité romaine, berceau de la ville actuelle.

Les travaux de reconstruction furent continués par les archevêques, successeurs de Josserand, et terminés au xv⁰ siècle, dans tous leurs détails, à l'exception toutefois des clochers qui ne sont pas achevés.

Dans ce long espace de temps, chaque époque a laissé dans cet édifice l'empreinte de son style, depuis le roman byzantin jusqu'à l'ogival fleuri. Sans trop s'éloigner du plan primitif pour l'ensemble général, les maîtres de l'œuvre, les *tailleurs d'imaiges*, mettaient dans les détails leur cachet propre, suivant leur goût et leur caprice ; ce qui donne à cette noble basilique une grande variété dans son ornementation, laquelle néanmoins ne manque pas de constituer une harmonieuse ordonnance.

L'étude de ce monument offre donc un grand intérêt aux yeux des archéologues ; ils savent assigner une date à chacune de ses parties. Ils savent aussi reconnaître la nature et la provenance des matériaux entrés dans sa construction, depuis les marbres, les porphyres, les granits et les blocs de *choin* tirés des ruines romaines, jusqu'aux pierres calcaires extraites des carrières d'Anse et de Lucenay exploitées pendant le cours du moyen-âge, pour l'œuvre de Saint-Jean.

L'abside qui donne sur le quai de la Saône est la partie la plus ancienne et certainement la plus curieuse de l'édifice ; mais on devrait se hâter de faire disparaître les énormes maisons bourgeoises qui la masquent entièrement d'un côté.

Des arcs-boutants, puissants contreforts évidés et

surmontés de pyramidions et de gargouilles à figures grotesques, s'appuient sur les faces latérales, et ajoutent à la grâce de l'édifice, tout en contenant la poussée des voûtes intérieures. Quatre clochers carrés flanqués aux quatre angles s'élèvent à peine au niveau de la toiture moderne, considérée, en l'état, comme une erreur de l'architecte diocésain par la plupart de nos archéologues.

M. Ch. Savy, qui n'est jamais en retard de prendre la plume pour signaler les non-sens qui se produisent trop souvent dans la restauration de nos anciens monuments, fut l'un des plus ardents adversaires de ce malencontreux travail.

La tour nord-est renferme, entre autres cloches, le gros sing du moyen-âge ou cloche du signal, et le bourdon fondu en 1508, refondu en 1622 et pesant plus de vingt mille kilos. Les trois autres tours sont vides, de là, ce mauvais jeu de mots qui avait cours chez nos bons aïeux : Saint-Jean a *quatre clochers et trois sans cloches.*

Le premier bourdon eut pour marraine Anne de Bretagne, et le second Anne d'Autriche. Il fallait seize hommes pour le mettre en mouvement; quatre suffisent aujourd'hui grâce à un ingénieux mécanisme que l'on y a adapté. Sa voix est grave et puissante ; elle est très populaire parmi nos concitoyens et les habitants des campagnes circonvoisines.

Il est peu de Lyonnais, peu d'étrangers surtout, qui, par curiosité, n'aient fait l'ascension de ce clocher pour admirer le matériel sonnant, et pour se promener sur la galerie extérieure de l'abside, d'où l'on a une jolie vue sur la Saône et sur une partie de la ville.

L'entrée du sombre et raide escalier, qui conduit au haut de cette tour, se trouve dans une des dernières chapelles de la nef de gauche. La femme du maître sonneur perçoit sur chaque visiteur une rétribution de quelques sous.

La façade principale, qui regarde la place, est simple et grandiose à la fois ; on s'arrête instinctivement pour admirer la belle galerie qui la coupe dans toute sa largeur, la superbe rosace qui orne le centre, et les trois portails qui donnent entrée dans le sanctuaire.

Les bas-reliefs qui ornent les pilastres, les voussures et les archivoltes de ces portails sont au nombre de deux cents, disposés en autant de compartiments carrés. Rien de plus grotesque et de plus curieux à la fois que ces petits ouvrages d'art. C'est le mélange le plus bizarre de l'histoire sainte et de la mythologie : ce sont de véritables débauches d'esprit et de verve caustique. On y voit l'arche de Noé, Prométhée dévoré par un vautour, Adam et Eve, des centaures, des monstres, une sirène qui pince de la harpe, une autre qui joue du violon pour amuser un petit personnage que sa main balance dans les airs, des moines à demi-transformés en satyres, des prélats dont le buste se termine par un corps de serpent, de dragon ou de crocodile, etc... « C'est toute une histoire ou légende écrite sur la pierre. Pour bien en saisir le sens, dit M. l'abbé Jacque, il faut suivre l'ordre horizontal sans perdre de vue qu'ici, comme dans la sculpture hiéroglyphique, l'espace a fait resserrer ou étendre le sujet. »

Quelques-unes de ces sculptures ont été moulées, soit à cause de leur perfection artistique, soit pour les compositions qu'elles représentent. Mais deux de ces compartiments ne laissent voir qu'un fond vide et raboteux. On prétend qu'ils ont été martelés par certains membres du clergé pris d'un zèle vraiment mal entendu, en face de sujets qu'ils considéraient comme trop obscènes. On dit aussi qu'ils ne furent jamais achevés par l'artiste pour des motifs que l'on ne fait pas connaître.

Les statues abritées sous les pinacles, et qui complétaient la décoration des portails, ont été mutilées pendant le passage des protestants en 1562 et des communards en 1793, qui n'y ont pas laissé un seul saint à décapiter.

CHAPITRE XXX

L'INTÉRIEUR DE SAINT-JEAN

'INTÉRIEUR de Saint-Jean offre une particularité, assez rare d'ailleurs, et qui n'existe que dans les églises primitives; c'est la double déviation de l'axe du vaisseau, pensée mystique cachée sous une forme matérielle qui rappelle la position du Christ sur la croix. Il faut être prévenu et avoir l'œil exercé pour s'apercevoir de cette irrégularité voulue.

On est frappé de la noble simplicité et des belles proportions des trois nefs. On s'extasie devant le trône de l'archevêque, œuvre moderne dans laquelle on a prodigué toute la richesse du genre gothique. La chapelle de Bourbon attire surtout l'attention du public.

Bâtie par le cardinal Charles de Bourbon et son

frère Pierre, gendre de Louis XI, elle est littéralement couverte d'ornements d'une délicatesse et d'un fini qui rappellent les tours de force de l'église de Brou. Les chardons (autrefois cherdons) qui se reproduisent çà et là, sont un jeu de mots en sculpture. On prétend, dit Mérimée, que Pierre de Bourbon voulait exprimer ainsi que le roi lui avait fait un *cher don* en lui donnant sa fille. Le jeu de mots est détestable, mais la ciselure est merveilleuse.

Cette chapelle a été restaurée, il y a peu d'années. Les réparations ont amené la découverte du tombeau du cardinal. Le corps était intact et revêtu de ses habits pontificaux. Les vitraux de la chapelle sont admirables.

Nous ne dirons rien des autres chapelles de Saint-Jean, ni des curiosités qu'elles renferment à profusion : tableaux, statues et autres morceaux de sculpture, autels, vitraux anciens ou modernes, orgues, chaire, grilles, boiseries qui proviennent de l'abbaye de Cluny; tout cela, d'ailleurs, mériterait une mention spéciale. Mais nous ne pouvons passer sous silence la curieuse horloge astronomique placée dans une chapelle à gauche du sanctuaire, et qui a acquis une certaine popularité.

C'est le chef-d'œuvre de maistre Henry de Valentines, qui l'exécuta en 1394; ce mécanicien le surveilla pendant un certain temps sous le titre de *gouverneur du reloge de l'église*. Dégradée par les calvinistes en 1562, cette horloge fut rétablie, disent les uns, par le célèbre Nicolas Lipsius, de Bâle, selon les autres, par Hugues Levet, *maistre orlogier* à Lyon, et successivement restaurée, au xviie siècle, par Nourrisson, et au xviiie par Charmy et Revon.

« Elle marque les siècles, les années, les mois, les jours, les heures, les minutes, la cérémonie et le saint du jour, les fêtes, etc...; la position du soleil dans les signes du zodiaque, les phases de la lune et le mouvement des planètes. Des automates, représentant le Père Eternel, Jésus-Christ, le Saint-Esprit, la Sainte-Vierge, des anges, un coq, etc..., sont mus par un mécanisme ingénieux et y remplissent chacun une fonction. »

Sur le côté droit de cette horloge, ajoute Aimé Guillon, d'après le P. Menestrier, on remarque un cadran des minutes d'une forme ovale, dont l'aiguille s'allonge et se raccourcit, en suivant de la pointe les lignes elliptiques du cadran.

Au nombre des événements importants dont l'église de Saint-Jean évoque le souvenir, il faut citer le concile de 1245, convoqué à Lyon et présidé par le pape Innocent IV, qui déclara Frédéric II d'Allemagne déchu du trône impérial. Dans cette assemblée, on remarquait Baudoin II, empereur de Constantinople, et trois patriarches d'Orient, des cardinaux, des princes, les ambassadeurs des souverains d'Europe. Un nombreux clergé emplissait les nefs de l'église.

Dans le concile de 1274 présidé par Grégoire X, le

roi d'Aragon parut en personne ; les rois de France, d'Angleterre et de Sicile y étaient représentés ; les grands-maîtres des Templiers et des Hospitaliers, cinq cents évêques, soixante-dix abbés ou chefs d'ordre, cent autres prélats, le kan des Tartares et ses ministres étaient présents à cette solennité. Le patriarche de Constantinople, au nom de l'empereur Michel Paléologue, consentit à la réunion de l'Eglise grecque à l'Eglise latine, et à reconnaître la suprématie du pontife de Rome.

Le pape Jean XXII, en 1316, et le pape Clément VII, en 1394, furent couronnés dans l'église Saint-Jean, avec la solennité et les cérémonies accoutumées en pareille circonstance.

Le corps de saint Louis, mort devant Tunis, ceux de la reine Isabelle et du comte de Nevers, apportés de la Terre-Sainte y demeurèrent exposés quelques jours en 1271.

En 1548, le roi Henri II y solennisa la fête de saint Michel et créa l'ordre célèbre qui porte le nom de ce saint.

Henri III y fit ses dévotions le 14 août 1584 ; après quoi il se rendit à la chapelle des Pénitents pour toucher les malades qui avaient les écrouelles.

Le roi Henri IV y renouvela la cérémonie de son mariage avec Marie de Médicis, à la fin de l'année 1600.

Chaque année, le 24 juin, jour de la fête de saint Jean-Baptiste, tous les maîtres pelletiers de la ville, précédés de deux anciens maîtres montés sur des mules blanches se rendaient processionnellement, avec des cierges ou des torches allumés, devant la porte de l'église. Le chapitre revêtu de ses habits sacerdotaux, les recevait avec la croix et les introduisait avec cérémonie. Après l'offrande, un chanoine-comte, spécialement désigné, leur présentait, à chacun, de sa propre main, le pain bénit.

Ce privilège, dont jouissait cette corporation, termine M. Guigue, était en souvenir de la concession de l'emplacement de l'église fait par l'un de ses membres, à une époque indéterminée.

Deux cérémonies bizarres, depuis longtemps tombées en désuétude, avaient lieu aussi dans cette noble basilique : la fête des Fous et la fête des Saints-Innocents. En voici la description résumée d'après nos meilleurs historiens.

On sait que le clergé, dans le moyen-âge, allait en procession chez l'évêque des Fous, et le conduisait solennellement à l'église, où son entrée était célébrée par le carillon des cloches. Arrivé dans le chœur, il se plaçait sur le siège épiscopal. Alors commençait la grand'messe et commençaient aussi les actions les plus extravagantes. Les ecclésiastiques figuraient sous divers costumes ; ils assistaient au service divin en habits de mascarade et de comédie ; ils mangeaient et jouaient aux dés sur l'autel, à côté du prêtre qui célébrait la messe. Ils allaient ensuite par toute la ville se faire voir sur des chariots.

Pour la fête des Saints-Innocents, c'est sans doute à un culte rendu à ces victimes de la barbarie du roi Hérode que l'on était redevable d'une espèce de cavalcade que les enfants de chœur de Saint-Jean faisaient chaque année, le 28 décembre.

Ils se rendaient en grand cortège à Saint-Just, ayant à leur tête l'évêque des Innocents en mître et en écharpe. L'évêque y donnait sa bénédiction et les enfants de chœur retournaient à Saint-Jean dans le même ordre qu'ils étaient venus...

On peut juger des extravagances qui se commettaient dans la célébration de cette fête par les dispositions arrêtées aux synodes de l'Eglise de Lyon, tenus en 1566 et 1567 et qui interdirent ces cérémonies. « Es jours de festes des Innocents et autres, l'on ne doit souffrir ès églises jouer jeux, tragédies, farces, et exhiber spectacles ridicules avec masques, armes et tambourins et autres choses indécentes qui se font en icelles, sous peine d'excommunication. Défendront les curés de mener danser, faire bacchanales et autres insolences ès églises ou ès cimetières.... »

A la suite de ces fêtes burlesques, nous rappellerons l'anecdote suivante que la reine Marguerite de Navarre a intercalée dans son Heptaméron.

« En l'église Saint-Jean, il y avait une chapelle fort obscure, et devant, un sépulcre fait de pierres, à grands personnages élevés comme le vif, et sont alentour plusieurs hommes d'armes couchés. Un soldat se promenant un jour dans l'église, au temps d'été qu'il faisait grand chaud, il lui prit envie de dormir, et regardant cette chapelle obscure et fraîche, il pensa d'aller au sépulcre dormir comme les autres, auprès desquels il se coucha.

« Or, advint qu'une bonne vieille fort dévote arriva au plus fort de son sommeil; et après qu'elle eut dit ses dévotions, tenant une chandelle en sa main, la lui voulut mettre au front, pensant qu'il fut de pierre, mais la cire ne put tenir contre cette pierre, la bonne dame pensant que ce fut à cause de la froideur de l'image, lui va mettre le feu contre le front pour y faire tenir sa bougie; mais l'image qui n'était insensible commença à s'écrier, dont la femme eut peur; et comme hors de sens, se prit à crier: *miracle! miracle!* tant que ceux qui étaient dans l'église couraient, les uns à sonner la cloche, les autres à voir le miracle; et la bonne femme les mena voir l'image qui s'était remuée, ce qui donna lieu à plusieurs personnes de rire; mais les sacristains ne s'en pouvaient contenter, car ils avaient bien délibéré de faire valoir ce sépulcre et en tirer argent... »

CHAPITRE XXXI

SAINT-JEAN SOUS LA RÉVOLUTION

A métropole de Saint-Jean fut en 1793 métamorphosée en temple de la Raison et choisie pour la célébration des fêtes républicaines; elle reçut une décoration analogue à sa nouvelle destination. Dans le chœur, sur l'emplacement même du maître-autel, s'élevait jusqu'à la moitié de la voûte de l'immense basilique une statue colossale reposant sur un piédestal d'une très grande hauteur. Elle représentait le peuple français sous la forme d'Hercule, qui, après avoir brisé ses fers, terrasse de sa massue l'hydre aux têtes renaissantes. Cette composition était due à notre sculpteur Chinard.

Deux autres statues, de moindre importance, étaient placées à droite et à gauche de ce groupe: elles représentaient la Liberté et l'Egalité.

Des trophées républicains et des drapeaux aux trois couleurs ornaient l'intérieur du temple de la Raison.

C'est devant cet autel d'un nouveau genre que les autorités civiles et militaires se rendaient chaque décade, de la Maison-Commune, au son de la grosse cloche, la seule qu'on eût conservée pour la solennité des fêtes de la Révolution.

A l'extérieur, dans le tympan, au-dessus du portail central, où l'on voit aujourd'hui un saint Jean-Baptiste d'une mauvaise composition, était l'inscription suivante : *Le peuple français reconnaît l'Etre-suprême et l'immortalité de l'âme !*

En l'an 11, une fête, vraie saturnale, fut célébrée dans cette antique et sainte basilique pour le triomphe que la Raison a remporté sur le fanatisme.

Voici le récit qu'en font les journaux du temps, mais que nous croyons devoir résumer :

« Un âne habillé en archevêque et magnifiquement paré des habits pontificaux, est sorti du temple de la Raison, et s'est promené dans toutes les rues avec la gravité d'un cardinal. Il était chargé de calices, ciboires, boîtes à l'huile et autres instruments des jongleurs appelés prêtres. Sa tête était couronnée d'une mître où se perdaient ses longues oreilles ; on avait attaché un calice à son cou, et on le forçait à boire dans le vase sacré ; la bible et un missel pendaient sous sa queue.....

« Ce prélat d'un nouveau genre parcourut ainsi

les principales rues de la ville, accompagné d'une foule innombrable de citoyens qui criaient : *A bas le fanatisme !*.... Arrivé sur la place des Terreaux, il a été déchargé des objets précieux dont il était porteur, qui ont été mis au dépôt pour être changés en numéraire et sont devenus enfin utiles à la république après avoir causé tant de maux !...

« Les chapes, chasubles, étoles, ont fourni les matériaux d'un autodafé au bon sens. Tous les signes de superstition et de féodalité sont détruits. Les prêtres portent à la municipalité leurs brevets de charlatanisme, et les dévotes envoient leurs livres mystiques à leur section....

« Tout cela est plus édifiant, sans doute, que les *oremus* et le *dies ire* d'un officiant, etc., etc. »

CHAPITRE XXXII

MANÉCANTERIE ET CHAPITRE DE SAINT-JEAN

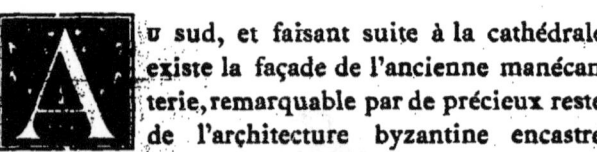u sud, et faisant suite à la cathédrale, existe la façade de l'ancienne manécanterie, remarquable par de précieux restes de l'architecture byzantine encastrés dans le mur. Couronnée d'un cordon de petites arcatures, elle est flanquée de piliers servant de contre-forts et ornée de briques rouges disposées en losanges imitant une espèce de mosaïque; des fenêtres irrégulières surmontées d'archivoltes la coupent çà et là, et des réparations entreprises à diverses époques en ont altéré le caractère primitif.

L'archivolte et la croix décorant le dessus de la porte d'entrée conservent encore leur incrustation de briques, qui se détachent en rouge sur le parement noirci de la muraille; quelques-unes de celles de la corniche et des petits arcs sont tombées en laissant vides leurs alvéoles.

On prétend que ce sont là les restes de l'ancien palais épiscopal rebâti par Leydrade, et qu'il y avait établi l'école ou la maîtrise des enfants de chœur; de là le nom de manécanterie (*mansio cantarum, magni cantus, mané cantare,* maison des chantres, les grands chants, chanter dès le matin.)

Sans nul doute, nous avons devant les yeux des matériaux du siècle de Charlemagne ; mais il est à croire que le bâtiment date d'une époque postérieure, et que ces matériaux, que l'on avait sous la main, furent employés plus ou moins heureusement à son ornementation.

Dans la seconde moitié du xvi* siècle, des comédiens italiens, attachés à la cour de Rome, y ont donné maintes fois des représentations, et aujourd'hui, cette ancienne manécanterie est encore affectée à l'instruction des petits clergeons. Une galerie du vieux cloître la relie à l'intérieur de l'église, près de la chapelle de Bourbon.

Le chapitre de Saint-Jean se composait de trentedeux chanoines; il était des plus considérés parmi tous les chapitres du royaume. Ne pouvaient y être admis que ceux qui faisaient preuve de quatre quartiers de noblesse, tant du côté paternel que du côté maternel. Les rois de France étaient de droit les premiers chanoines.

Le chapitre partageait avec l'archevêque l'administration de la ville et de l'ancien comté de Lyon ; à ce titre les chanoines portaient, depuis l'année 1173, la qualité de comte. Les armes attribuées à ce comté étaient : *de gueules au lion d'argent couronné d'or*, et celles du chapitre, comme corps ecclésiastique, *de gueules au griffon contourné d'or* ; à partir de la fin du xve siècle, on commença à combiner ces deux blasons en un seul, qui, à la fin, demeura : *de gueules au griffon d'or et au lion d'argent couronnés d'or affrontés.*

La juridiction des archevêques de Lyon s'étendait au loin ; aujourd'hui, elle n'embrasse plus que cinq diocèses. Conjointement avec l'archevêque, les chanoines exerçaient l'autorité temporelle sur la ville et sur leurs domaines, jusqu'au moment où cette autorité passa aux mains des rois de France.

Les chanoines-comtes de Lyon jouissaient du singulier privilège, malgré les censures de la Sorbonne, de ne point fléchir le genou ni de s'incliner à l'élévation de l'hostie. Mais sur la demande de Louis XIV, ils renoncèrent enfin à cette orgueilleuse coutume.

CHAPITRE XXXIII

LA PLACE SAINT-JEAN

En face de la cathédrale et de la manécanterie se développe la place Saint-Jean. Elle est ornée d'une fontaine très coquette recouverte d'un dôme s'appuyant sur quatre colonnes et abritant un groupe en bronze qui représente le baptême de Jésus par le disciple bien-aimé.

Ce monument, style renaissance, est l'œuvre de Dardel ; le groupe est de Bonnassieux. Mais le tout nous semble bien mesquin en regard de la masse imposante de la vieille basilique.

L'hôtel Chevrières, dans l'angle sud-ouest de la place et où a siégé longtemps le tribunal de première instance, est occupé aujourd'hui par le Petit-Séminaire de Saint-Jean. En 1868, il fut acquis par

Mgr le cardinal de Bonald pour le compte de l'archevêché, et de nouvelles dispositions intérieures permettent d'y recevoir un grand nombre d'élèves.

La construction de cet hôtel fut commencée en 1432 par Jean Mitte de Chevrières, marquis de Saint-Chamond, sur l'emplacement d'une ancienne habitation qui, dans le xiie siècle, dépendait de l'Eglise de Lyon, et fut donnée à l'archevêque de Cantorbéry, Thomas Becket, réfugié dans notre ville, pour éviter la vengeance du roi d'Angleterre, son souverain.

On y accède par un fort beau portail cintré qui, par son caractère architectural, accuse l'époque de la renaissance. Ses deux vantaux en bois de chêne datent d'une vingtaine d'années, et dans un écusson sont sculptées les armes du chapitre. Les autres maisons renfermées dans l'intérieur de l'ancien cloître et qui appartenaient, soit au chapitre, soit à l'Eglise, furent séquestrées et vendues sous la Révolution. Il existe encore quelques-unes de ces vieilles maisons canoniales; on les reconnaît assez facilement malgré les modifications dont elles ont été l'objet de la part de leurs nouveaux propriétaires.

Placée en retour de la vieille manécanterie et le long du mur latéral de la cathédrale, la nouvelle manécanterie s'ouvre sur l'avenue de l'Archevêché. C'est un bâtiment de belle apparence, bâti par l'architecte Decrenice, et la première pierre en fut posée par Mgr de Montazet, en l'année 1768. Il ne fut pas achevé.

Le chapitre le destinait au logement du clergé de la cathédrale, à la bibliothèque, aux archives de l'Eglise et à l'auditoire de la juridiction du comté de Lyon. Mais la Révolution le vendit comme bien national. On y plaça alors le Mont-de-piété ; la Cour y siéga plusieurs années de suite ; et aujourd'hui, dans l'ancienne salle capitulaire des comtes de Saint-Jean, située au rez-de-chaussée et prenant jour sur la cour de l'Archevêché, on a installé la Chambre des adjudications des notaires. Des magasins sont ouverts sur l'avenue, et les étages occupés par divers locataires.

Il y a peu de temps, un de ces locataires, M. de Bornes, membre du barreau et notre collègue à la Société littéraire, y périt écrasé dans son lit, par la chute de la voûte supérieure, sans que rien pût faire prévoir pareil accident, car le bâtiment, tout en pierres de taille, présentait les garanties de la plus grande solidité.

CHAPITRE XXXIV

L'ARCHEVÊCHÉ

E palais archiépiscopal est situé au sud-est de la cathédrale, à l'angle de l'ancienne place Montazet et du quai, sur une superbe avenue plantée d'arbres et bordée de luxueuses maisons modernes. Une vaste cour carrée l'isole de la nouvelle manécanterie; elle est fermée par une belle grille en fer faite sur les dessins de Morand. Au fond, deux portails uniformes; celui de gauche conduit dans l'église, celui de droite dans l'intérieur du palais. Entre eux deux, et en face de la grille, un corps de logis adossé directement à l'église contient les bureaux de l'administration et les archives ecclésiastiques.

Lorsque les archevêques, qui, depuis plusieurs siècles, s'étaient fixés dans la forteresse de Pierre-

Scize, abandonnèrent cette résidence guerrière aux abords difficiles, pour se rapprocher de la cathédrale, ils vinrent habiter le palais que leurs prédécesseurs avaient fait bâtir longtemps auparavant et qu'ils avaient délaissé pour se mettre à l'abri des attaques de leurs ennemis, comtes de Forez ou citoyens lyonnais. Mais ce palais était sombre, incommode, indigne de ces princes de l'Eglise ; le cardinal de Bourbon le fit reconstruire sur le même emplacement, au milieu du xve siècle. Alphonse de Richelieu et Camille de Neuville y apportèrent divers changements, et le cardinal de Tencin le restaura complètement d'après les plan et dessins de Soufflot. Il fit édifier l'aile qui regarde la Saône, ainsi que la terrasse qui se prolonge jusqu'au chevet de l'église ; mais l'aile qui est auprès de la grande grille et forme un des côtés de la cour resta dans le même état. Entre ces deux corps de bâtiment et dans un angle rentrant, surgit une jolie tourelle placée, dit-on, au-dessus d'un caveau qui servait jadis de prison.

Aliéné sous la république, ce palais fut racheté par la ville, au prix de 320,000 francs et approprié à la résidence du cardinal Fesch.

Tel est cet édifice. S'il manque de majesté dans son ensemble, si rien dans son aspect ne le recommande à l'attention des étrangers, son ordonnance intérieure, en revanche, est digne de la demeure des primats des Gaules.

Il renferme de splendides appartements. On y

pénètre par un bel escalier, qui aboutit dans la salle des Pas-Perdus.

Cette salle prend jour sur la grande cour ; elle est ornée de tableaux représentant divers sujets tirés de l'histoire des martyrs lyonnais ; on y voit aussi les portraits d'un certain nombre de prélats qui ont gouverné l'Eglise de Lyon. Quelques-uns de ces portraits sont originaux, d'autres de fidèles copies. Hormis celui de saint Pierre de Tarentaise, qui devint pape sous le nom d'Innocent V, et celui du cardinal Fesch remarquable par la noblesse de sa figure, si fine, si spirituelle, les autres, de même que les tableaux, sont de médiocre valeur au point de vue de l'art.

Un autel est dans le fond de cette salle, qui, à certaine époque, voit se rassembler les élèves du Petit-Séminaire, pour la distribution des prix.

Un ancien grand salon, donnant sur la terrasse et sur le quai, possède une décoration genre Pompadour. Du côté opposé, un autre grand salon de réception, d'une noble simplicité, est décoré suivant le goût moderne.

La bibliothèque renferme de nombreux et précieux ouvrages ; et les archives, des trésors inestimables dont le dépouillement jetterait un nouveau jour sur l'histoire de Lyon et sur celle de la province ecclésiastique.

La chapelle est d'une grande richesse. Dans les divisions de la voûte, on a reproduit, sur fond d'or, de nombreux sujets de l'ancien et du nouveau testament, et quelques épisodes de la vie des prélats que leurs vertus ont appelés au rang des bienheureux, et auxquels cette même chapelle est consacrée. L'autel est surmonté d'une fort bonne copie de l'*Ascension de Jésus-Christ,* par le Pérugin.

Ce sanctuaire, resplendissant de dorures, de peintures, de marbres précieux, de magnifiques vitraux, fait honneur au talent de M. Desjardins, qui s'est montré, dans cette œuvre, l'interprète fidèle de la pensée et du goût de Mgr le cardinal de Bonald.

Le palais de l'Archevêché a eu l'honneur de recevoir des hôtes illustres, parmi lesquels on doit signaler le pape Pie VII, en 1804 et 1805, et l'empereur Napoléon, en 1805 et 1815.

La chambre du Pape est conservée religieusement. On n'y a fait aucune réparation; on n'y a point ajouté de meubles; on n'en a distrait aucun; elle n'a reçu aucun hôte depuis le Saint-Père.

Dans la chambre de l'Empereur, un aigle fixé au plafond soutenait avec son bec une belle couronne d'où pendaient les rideaux du lit. Une balustrade empêchait les indiscrets de s'approcher de ce lit, enlevé depuis quelques années.

« Lors de la Restauration, époque mémorable par l'acharnement qu'on mettait à détruire tout ce qui rappelait Napoléon, dit le *Lyon ancien et moderne,* un valet de chambre reçut l'ordre de jeter cet aigle dans la Saône; mais soit qu'il regrettât de sacrifier inutilement un objet de quelque valeur, soit qu'un secret attachement pour le ci-devant maître du monde, l'engageât à soustraire l'oiseau impérial à l'arrêt porté contre lui, il n'obéit pas à l'ordre qu'on lui avait donné, il se contenta de cacher le proscrit derrière la tapisserie de la chambre.

« Cependant on se mit bientôt à réparer cet appartement pour la famille des Bourbons; on enleva les tentures étoilées, et l'aigle tomba sur le parquet, à la grande surprise des assistants. Cet incident fit beaucoup de bruit. On accusa même M. Courbon, administrateur du diocèse de l'avoir conservé à dessein dans l'espoir d'un prochain retour de l'Empereur. Le croirait-on? la justice instruisit cette affaire, et le valet de chambre fut condamné à plusieurs mois de prison. »

C'est du balcon donnant sur le quai de la Saône, que, dans la soirée du 10 mars 1815, l'Empereur quittant M. Courbon avec qui il se promenait sur la terrasse, adressa quelques paroles émues à la foule accourue pour saluer son retour inespéré.

CHAPITRE XXXV

LE CLOITRE DE SAINT-JEAN

Les églises de Saint-Etienne, de Sainte-Croix et de Saint-Jean, la manécanterie, le vieux palais des archevêques et les maisons des chanoines étaient renfermées dans l'enceinte d'un cloître, dont les hautes et épaisses murailles les abritaient comme une forteresse, soit contre les entreprises de l'ennemi du dehors, soit contre les insurrections populaires fomentées par les corporations de la ville.

Edifié ou plutôt réparé par l'archevêque Guichard, de 1165 à 1180, il formait un quadrilatère parfait. Les murailles partaient du bord de la Saône, se dirigeaient le long de la rue de la Bombarde jusqu'à la rue Tramassac, de là jusqu'à la rue des Deux-Cousins, puis revenaient vers la rivière, en face du pont Tilsitt.

Six portes s'ouvraient dans les murailles ; la principale était à l'extrémité de la rue Sainte-Croix : elle se nommait *Porta Fratum,* Porte des Frères, Portefrau, devenue Portefroc.

D'après le P. Menestrier, Artaud, Cochard et Chenavard, le grand cloître occupait l'emplacement de deux anciens monuments romains : le Panthéon et l'Amphithéâtre. Cet amphithéâtre, construit sous le consulat d'Orfitus et de Maximus, l'an 172, fut témoin du martyre de saint Pothin et de ses quarante-sept compagnons, comme nous croyons l'avoir démontré dans un Mémoire lu à la réunion des délégués des sociétés savantes à la Sorbonne, en 1879.

D'autres écrivains ont aussi placé dans le même périmètre l'autel d'Antonin-le-Pieux, érigé par un simple citoyen, qui demandait aux dieux la conservation des jours de l'empereur, et qui, pour se les rendre favorables, institua en même temps un sacrifice taurobolique. Cet autel fut ensuite dédié à Marc-Aurèle, et à Lucius Verus, enfants adoptifs d'Antonin.

Deux fois, en 1269 et 1310, le cloître fut pris par le peuple lyonnais, et une troisième fois, en 1562, par les calvinistes, dont le fanatisme s'assouvit par le pillage et la dévastation de la cathédrale et des autres églises.

Les canons du baron des Adrets, braqués dans le jardin des Célestins en avaient abattu les murailles, dont quelques fragments sont encore debout dans la rue Tramassac et la rue de la Bombarde.

Nous devons relever ici une erreur généralement accréditée parmi les Lyonnais.

On prétend que le nom de Bombarde, donné à cette dernière rue, est un souvenir du baron des Adrets qui aurait pratiqué là une brêche à coups de bombarde, et que c'est par cette brêche qu'il aurait pénétré dans le cloître. Ce nom est antérieur à la présence des calvinistes dans notre ville, ainsi qu'il résulte de l'existence dans ce quartier d'un collége (*Gymnasialum Bombardorum*) où Guillaume Rameseus composa quelques-uns de ses ouvrages, en 1513, c'est-à-dire cinquante ans avant le fait que nous venons de rapporter.

Les excès que les calvinistes commirent dans le cloître et dans ses trois églises amenèrent de terribles représailles; trois cents protestants renfermés dans les prisons de l'archevêché furent impitoyablement massacrés le 31 août 1572, à la suite de la Saint-Barthélemy, par une populace en délire, accomplissant ainsi la besogne à laquelle avaient répugné la garnison et le bourreau lui-même,

CHAPITRE XXXVI

LE PONT TILSITT

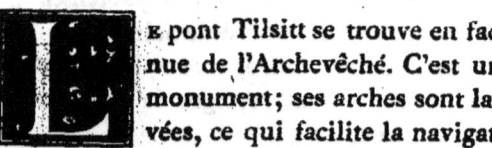e pont Tilsitt se trouve en face de l'avenue de l'Archevêché. C'est un très beau monument; ses arches sont larges et élevées, ce qui facilite la navigation; il est bordé d'élégantes balustrades en pierres travaillées à jour; les tympans, au-dessus des piles, sont ornés de cartouches représentant les emblèmes de l'industrie et de la navigation, des lions à couronne murale et des aigles impériales. Il fut inauguré et livré à la circulation le 15 août 1864.

Nous n'apprendrons rien à nos lecteurs en leur disant que les emblèmes de l'Empire et que le glorieux nom de Tilsitt sont comme un cauchemar qui trouble le sommeil de nos purs du conseil municipal. Un récent arrêté a bien ordonné de les faire disparaître, mais le pont appartenant à l'Etat, le marteau des démolisseurs n'a pas encore commencé l'œuvre de destruction.

Déjà en 1630, un pont en bois avait été établi sur cet emplacement à l'occasion du séjour forcé que Louis XIII fit dans notre ville à son retour de Savoie où il avait contracté une dangereuse maladie.

Ce pont, qui permettait au roi, logé à l'hôtel de Rontalon ou du Petit-Louvre, depuis lors Palais-Royal, d'aller faire ses dévotions à l'église Saint-Jean, n'était que provisoire et très léger; il fut démoli après le départ du souverain. En 1634, un sieur Marie obtint la concession de le faire rebâtir à ses frais, avec le privilège d'y percevoir un droit de péage pendant une période de trente années.

Il aboutissait à une porte voûtée du cloître de Saint-Jean, et qui se fermait tous les soirs; une autre porte était sur la rive gauche. Il fut renversé par les grosses eaux en février 1711. On le refit encore une fois; mais sa construction vicieuse nécessita sa démolition en 1779. Enfin, en 1780, on procéda à la fondation de piles en pierre, qui devaient soutenir des travées en bois.

Ce travail fut interrompu pendant la Révolution; mais repris en 1802, en remplaçant les travées en bois par des arches en pierre, il fut terminé en 1808 et reçut le nom du célèbre traité qui amena la paix entre la France et la Russie.

Le pont Tilsitt était solidement construit, mais il

était lourd, massif ; ses piles épaisses s'opposaient au prompt écoulement des eaux, lors des grandes crues ; ses arches surbaissées étaient un obstacle à la navigation des bateaux à vapeur qui, de jour en jour prenait plus d'importance. Un moyen ingénieux fut employé pour faire disparaître ces inconvénients, sans toutefois recourir à une réfection complète et très dispendieuse.

Les arches furent démolies, mais les piles furent conservées; on les tailla en diminuant leur épaisseur qui était de 4^{m}10 et on les ramena à 2^{m}40. Cette opération terminée, on refit la forme des arches en leur donnant plus de hauteur. On obtint ainsi le résultat qu'on attendait, et l'on dota la ville, redirons-nous, d'un de ses plus beaux monuments.

Tel est l'historique de ces ponts qui portèrent différents noms ; pont de Bois, pont des Comtes, pont Saint-Jean, pont Tilsitt, pont de l'Archevêché, enfin pont Tilsitt, jusqu'à ce qu'il plaise à nos édiles de le débaptiser encore une fois.

CHAPITRE XXXVII

LA RUE TRAMASSAC

N sortant de la place Saint-Jean par la petite rue de la Brêche, ouverte dans le vieux mur du cloître, on se trouve en face de la maison Valois, dite du baron des Adrets, au centre de la rue Tramassac, Trois-Massacres, pour prendre l'expression populaire. Cette maison ne manque pas d'un certain cachet; le corps de logis central, où l'on parvient par un perron à deux rampes, est flanqué de deux pavillons carrés en retour et à combles aigus; une petite cour la précède, et, de la rue, une large porte cochère y donne entrée; sur le derrière, un jardin s'élève de terrasse en terrasse jusque sur la montée du Chemin-Neuf.

Nous ne savons ce qu'a de fondé la tradition qui

veut que le baron des Adrets ait séjourné dans cette maison, dont le style paraît postérieur à l'époque où le terrible chef calviniste occupa notre ville. Ce qu'il y a de certain, c'est que Mme de Marcellange et sa fille, dont les noms ont été mêlés dans un procès célèbre, l'ont habitée pendant quelques années, et qu'elles la cédèrent aux Dames de l'Adoration perpétuelle du très Saint-Sacrement, dont la communauté a été transférée dans la rue Henri IV.

Cette habitation est destinée à disparaître ou tout au moins à être modifiée au point de devenir méconnaissable; des maçons sont occupés à ce travail. On y ajoute un ou deux étages en mâchefer, et de vulgaires petites bâtisses aussi en mâchefer, s'élèvent dans le jardin. Veut-on y établir une usine?...

A droite, l'hôtel du *Petit-Versailles* occupe une très-ancienne maison, dont la cour spacieuse est digne d'être visitée par l'artiste et l'amateur des choses d'un autre âge.

A gauche était une autre habitation démolie aujourd'hui. L'imposte de la porte d'allée contenait cette inscription: *Pax huic domui et omnibus habitantibus in ea.*

Cette inscription a été transportée au *château des Ruines*, où notre ami Rousset l'a placée et sauvée d'une perte certaine.

Beaucoup d'autres maisons de l'époque de la renaissance occupent la partie de cette rue adossée à la montagne, depuis le bas du Chemin-Neuf jusqu'au bas du Gourguillon.

Le milieu de la rue est coupé par un ponceau sur lequel passe le nouveau chemin funiculaire qui, par une longue voie souterraine, relie les quartiers inférieurs de la ville aux quartiers situés sur la colline de Saint-Just et de Saint-Irénée ; il transporte commodément les voyageurs et même les convois mortuaires dans ces parties élevées, à Fourvière et à Loyasse. Ce chemin, dit de la *Ficelle*, rival de celui de la Croix-Rousse, fut ouvert en juillet 1878. La gare est en face de l'avenue de l'Archevêché, entre la rue des Deux-Cousins et celle du Doyenné.

L'ancienne et grosse habitation qui fait l'angle de la montée du Gourguillon et de la place de la Trinité, en face de la rue Tramassac, est décorée d'un soleil en relief et de deux niches qui contiennent une sainte Vierge et un saint Joseph. Elle fut construite à la fin du xve siècle par la famille des Bellièvre, qui jouit d'une grande considération par les emplois qu'elle remplit dans l'Eglise, dans l'échevinage et dans la diplomatie.

Un des membres les plus illustres de cette famille, Claude de Bellièvre, y rassembla de nombreuses antiquités intéressant notre histoire locale ; il y mourut dans un âge avancé, après avoir été premier président au parlement de Grenoble et honoré de l'amitié de François Ier. Il nous a laissé le savant ouvrage intitulé *Lugdunum priscum*.

Une autre illustration fut ce Pomponne de Bellièvre qui devint chancelier de France ; il servit sous cinq de nos rois, soit dans les ambassades, soit dans d'autres emplois importants; Henri IV disait de lui qu'il ne connaissait point « de plus homme de bien ».

En 1664, cette maison était occupée par les chanoines réguliers de l'ordre des Augustins de la très Sainte-Trinité, fondé pour la rédemption des captifs. La chapelle était remarquable en objets précieux, parmi lesquels se trouvait un christ sculpté apporté d'Orient par un religieux trinitaire.

Tout proche de cette habitation, on voyait celle de la famille Laurencin, qui tenait l'*hostellerie des Trois-Fontaines*. Cette famille, dont le nom apparaît souvent dans l'histoire de notre ville, avait acquis une grande fortune, augmentée plus tard par de riches alliances. Anoblie par l'échevinage ou par d'autres charges publiques, elle avait pris rang parmi la noblesse lyonnaise. Le plus ancien membre connu, Nicolas Laurencin, figure comme revendeur sur la liste des métiers de 1427, puis comme tavernier.

CHAPITRE XXXVIII

LE QUARTIER SAINT-GEORGES

E quartier Saint-Georges où nous allons pénétrer, pouvait, par sa laideur, sa malpropreté et l'exiguité de ses rues, aller de pair avec celui de Saint-Paul.

Il occupait ce triangle allongé entre la Saône et les escarpements de la colline, depuis l'ancien mur du cloître de Saint-Jean jusqu'à l'entrée de la Quarantaine, en face du pont d'Ainay. Là se trouvaient une des portes de la ville et un petit cimetière.

Des maisons suant la misère et la saleté étaient plaquées contre la colline, et s'élevaient sur des murs de soutènement jusqu'à la montée du Gourguillon, où aboutissaient deux ruelles rapides et tortueuses, pavées de cailloux pointus et desservies par de mauvais escaliers: la montée des Epies et la montée de Bourdy, dont nous avons déjà parlé.

Sur la rivière, des maisons de même acabit, aux ouvertures irrégulières, aux balcons et galeries en bois vermoulu, plongeaient directement et les eaux venaient battre leurs assises inférieures, sans réussir à laver la grève maculée et souillée par le résidu infect des éviers et des lieux d'aisance de ces maisons riveraines, et par celui des égoûts qui venaient y déboucher. Là, dans la plus sordide de ces masures logeait le père Crépin, type complet de l'avare et du ladre.

A cette époque, le quai Fulchiron n'existait point encore, et si cette ligne de maisons était affranchie de toutes règles de la voirie, de tous principes hygiéniques, elle offrait en revanche un aspect pittoresque, que nous ont conservé quelques croquis de Gabillot, surtout un précieux dessin à la sépia d'Hippolyte Leymarie, déposé dans la salle de travail de nos archives municipales.

On y remarque, enclavées dans ces sordides habitations, les tours de l'ancienne commanderie, la flèche et l'abside de l'église Saint-Georges, qui se détachent sur le flanc verdoyant ou le poudingue grisâtre de la colline.

Trois rues seulement: la rue du Doyenné, la rue des Prêtres et la rue Saint-Georges, desservaient ces quartiers, au milieu d'un dédale de ruelles transversales, d'impasses et de passages sans nom. On y voyait une pauvre maison qui servit de premier établissement aux sœurs dites de la Marmite, en 1680;

plus deux petites églises, celle de Saint-Romain, cédée à l'archevêque pour l'agrandissement des prisons de sa juridiction, et celle de Saint-Pierre-ès-liens, vulgairement connue sous le nom de Saint-Pierre-le-Vieux. Elles ont disparu toutes deux. Dans la dernière se trouvaient les tombeaux des Bullioud, des Laurencin et des Bellièvre.

Les amateurs d'archéologie et les artistes peuvent encore voir une des portes latérales de cette église; elle est d'un pur style ogival. Achetée par Alexis Rousset, cette jolie porte est entrée dans la construction de sa curieuse propriété, dite des *Ruines*, à la Cité-Napoléon.

Cette propriété, qui se trouve dans un chemin désert, doit son existence à l'amour que son auteur porte aux vieilleries de toutes sortes; c'est à ce titre que nous en avons déjà parlé, et que nous en dirons encore un mot.

Construite en entier de vieux matériaux, la maison présente, encastrés dans ses façades, une infinité de statuettes brisées, d'inscriptions incomplètes, et de morceaux de sculpture mutilés. Ici, une tourelle en surplomb, des murs ébréchés avec fenêtres à croisillons et porte en ogive. L'intérieur est à l'avenant : amas confus de vieux meubles, de vieilles gravures, de vieux tableaux, de vieux livres, etc., etc.; c'est un vrai musée archéologique! Le jardin aussi offre le plus étrange désordre: tout y pousse comme il plaît à la nature; le râteau ne vient jamais aplanir ses allées, jamais un arbre n'est taillé ; c'est une forêt vierge en miniature !...

Mais revenons à Saint-Georges, dont cette digression nous a éloigné pour un instant.

Dans la partie la plus misérable de ce quartier, éloigné du centre de la ville, il y avait une population interlope de filles de joie et les tristes compagnons de leurs débauches.

Le P. Menestrier dit que les femmes publiques étaient établies aux extrémités de la ville. L'abbé Guillon a écrit qu'à l'époque où l'autorité temporelle appartenait au clergé, ce fut dans le faubourg de Vaise que l'on relégua les femmes de mauvaise vie. M. Paul Saint-Olive relate les paroles que le moine historien Mathieu Pâris met dans la bouche du cardinal Hugues de Saint-Cher, chargé d'adresser aux Lyonnais les adieux du pape Innocent IV, lors de son départ de notre ville, en 1251.

« *Quando primo hùc venimus, tria vel quatuor prostitubula invenimus ; sed nunc, recedentes unum solum relinquimus, verum ipsum durat ab orientali porta civitatis usque ad occidentalem.* »

S'il fallait prendre cette plaisanterie au sérieux, dit Monfalcon, elle déposerait bien moins contre la vertu de nos grands'mères qu'elle ne prouverait la corruption des Italiens de la cour du pape.

La suite du souverain pontife, dit à son tour un autre écrivain, apporta à Lyon les mœurs dissolues de l'Italie, qui s'étendirent rapidement dans toutes les classes de la société jusqu'alors pure et austère.

Le grand nombre de courtisanes que l'on voyait alors et les abus qui s'ensuivaient, avaient motivé la création d'un tribunal chargé de la police des mœurs, et d'une charge occupée par un officier appelé le roi des Ribauds et des Ribaudes. Il avait particulièrement dans ses attributions la surveillance de ces femmes perdues, obligées de porter sur l'une de leurs manches un nœud de rubans de certaine couleur, qui les distinguait des femmes honnêtes.

Quand le roi des Ribauds faisait sa ronde, toujours accompagné par le guet, et qu'il prenait une de ces filles en contravention, et hors du quartier qui lui était assigné, il l'enveloppait dans un filet et la conduisait ainsi à travers la ville pour l'exposer à la risée et aux sifflets des passants.

Ces contraventions n'étaient jamais plus nombreuses qu'à la fête de Saint-Jean, lors de la foire qui se tenait dans l'intérieur du cloître, où ces filles occasionnaient de graves désordres et commettaient de grands abus, que des temps plus sages ont corrigés, dit le P. Menestrier.

Voici des notes officielles que nous hésiterions à reproduire, si elles ne servaient de preuves à ce que nous venons d'avancer sur ce sujet assez scabreux.

« Le 15 juillet 1516, M. Pierre Sigaud, procureur, M. Coignet et autres paroissiens de Saint-Georges, remontrent au Consulat que la maison où se tiennent les filles de joie est fort prochaine de l'église... Que là, il se fait journellement plusieurs battures, scandaleures et tumulte, à cause desdites filles de joie qui souvent se viennent battre jusqu'auprès et dedans ladite église avec leurs ruffiens. Qu'un prestre ayant voulu remontrer à quelques jeunes compagnons débauchés qui, en sortant de là, avaient été jouer au mostier de ladite église, ledit prestre fut maltraité et blessé de coups d'épée, poignard, etc..... »

« Le 12 novembre 1549, Jean Ponchon, curé de Saint-Georges, et autres personnes du lieu, tendant du Gourguillon à la porte Saint-Georges, remontrent que les filles publiques qui ont été chassées de la rue Ferrachat se sont retirées en la rue Vieille-Monnaie de Saint-Georges où elles ont à présent leur manoir, ce qui incommode grandement les habitants du voisinage, tant à cause des batteries journalières qu'à cause des pierres qui sont jetées dudit logis jusque sur les maisons; ils demandent qu'elles soient tenues de quitter cette rue mal-propre et mal-commode. »

CHAPITRE XXXIX

ÉGLISE ET COMMANDERIE DE SAINT-GEORGES

L'ÉGLISE Saint-Georges, nouvellement rebâtie sur les dessins de M. Bossan, est un des plus jolis monuments religieux de Lyon. L'entrée, flanquée de deux tours polygonales, se trouve du côté de la colline; l'abside surmontée d'une flèche hardie, donne sur le quai Fulchiron. L'intérieur est à trois nefs, et le chœur décoré de cinq élégants pendentifs. Les ouvertures sont ornées de gracieux meneaux et de riches vitraux coloriés. Le maître-autel est digne d'être étudié par son retable qui représente les saintes femmes au tombeau du Christ. Cette sculpture est un des bons morceaux de M. Fabisch. La chaire et les orgues méritent une mention.

Une mention aussi à un petit édifice nouvellement

placé dans la nef de droite. Il est en pierre de Crussol, et reflète richesse, élégance et bon goût. *Un pauvre, un petit, un faible,* tel est le sujet allégorique artistement traité, en bas relief, par M. Pagnon jeune sculpteur d'un bel avenir. Le haut de l'édicule est formé de volutes qui soutiennent une guirlande de fleurs et de fruits en ronde bosse ; cette guirlande entoure l'effigie d'une jeune femme, enlevée prématurément aux tendres affections d'un époux, qui, comme pieux souvenir, a fait don à l'église de cette page de sculpture.

L'ancienne église bâtie au vi^e siècle n'était primitivement que la chapelle d'un monastère de femmes fondé sous le vocable de Sainte-Eulalie. Ruinée par les Sarrasins, elle fut, dit-on, relevée par Leydrade, qui la consacra à Saint-Georges avec le titre d'église paroissiale ; agrandie en 1492 par Humbert de Beauvoir, commandeur de l'ordre de Saint-Jean de Jérusalem, plus tard ordre de Malte, elle fut dévastée par les hommes de 93.

De gros bâtiments accolés de deux tours rondes s'élevaient à côté de l'église. C'était la commanderie de Saint-Georges. Une terrasse et un jardin s'avançaient sur la Saône. L'emplacement où cet édifice fut construit, en 1498, par ce même Humbert de Beauvoir, appartenait aux princes de Savoie, qui l'avaient échangé avec les chevaliers contre la maison et le jardin des Templiers, où ces princes édifièrent le couvent des Célestins.

Cette commanderie était le siège d'un baillage de l'ordre. Tous les ans, le chapitre du grand prieuré d'Auvergne se tenait dans la commanderie, et tous les ans aussi les chanoines de Saint-Jean y venaient célébrer, au 10 décembre, la fête de Sainte-Eulalie.

Vendus sous la Révolution, ces bâtiments furent dès lors occupés par plusieurs ménages d'ouvriers. Ils furent démolis à la suite d'un incendie qui avait éclaté chez un fabricant d'ouates, dans la soirée du 16 septembre 1854.

Cette démolition amena la découverte d'une inscription lapidaire qui indiquait que l'édifice avait été achevé en 1478. Elle est assez intéressante pour être rapportée :

« C'est l'entrée de la maison de Monsieur Saint-Jean-Baptiste et du bon chevalier Saint-Georges, laquelle maison a esté faicte et accomplie par messire Humbert de Beauvoir, chevalier de l'ordre dudit Monsieur Saint-Jean-Baptiste de Jérusalem et commandeur de céans. Fait le premier jour d'octobre de l'an 1498. »

Comme nous l'avons vu plus haut, ce quartier, seulement dans la partie qui avoisine l'archevêché et celle qui borde la Saône, a été l'objet d'une réfection qui, espérons-le, s'étendra dans l'intérieur ; les vieilles masures ont disparu et ont fait place à une superbe avenue et au beau quai Fulchiron, où l'on remarque de fort belles maisons. Une maison de style mauresque est à signaler, seulement pour sa façade principale; mais l'intérieur du quartier est resté à peu près ce qu'il était au moyen-âge.

La légère et gracieuse passerelle de Saint-Georges relie le quai Fulchiron au quai Tilsitt, et contribue à l'embellissement de cette partie de la ville.

En creusant les fondations du quai, en l'année 1840, on a découvert l'avant-bras droit d'une statue colossale, en bronze, dont le style annonçait l'œuvre d'un très habile sculpteur; de plus, un fragment du pied d'un personnage de haute taille, chaussé du *calceus*, et un pied de cheval complet. On doit se rappeler que, au dernier siècle, on avait découvert, non loin de là, la fameuse jambe de cheval en bronze doré; cette jambe fut cassée dans le cours des travaux entrepris pour l'extraction de la statue, qui, à la suite de cet accident, est restée perdue au fond des eaux.

Bien connue de nos anciens mariniers, cette jambe était pour eux un obstacle redouté, contre lequel leurs embarcations venaient parfois se briser; ils le nommaient le *pied de la Marmite*.

Ce morceau précieux est déposé au musée des Antiques.

CHAPITRE XL

LA QUARANTAINE

 l'extrémité du quartier, l'espace est très resserré entre la Saône et la colline de Saint-Just. Nous sommes au pied du Puy-d'Ainay *(Podium Athanacense* ou Pic d'Ainay), juste au-dessous de l'enclos du Grand-Séminaire. Là se trouvait la porte de Saint-Georges, d'où partait l'ancienne muraille d'enceinte. Un nouveau rempart s'élève à cent mètres plus loin, et va se rattacher au fort placé à côté de l'église de Saint-Just.

Tout le monde sait combien est abrupt le versant de cette colline ; il est formé de *poudingue*, recouvert çà et là de quelques arbrisseaux. De petits murs soutiennent d'étroits jardinets, qui dépendent de l'ancienne brasserie Seybel ; cette partie a pris le nom de *Montagnes-Gauloises.*

On a pu remarquer dans la zône médiane de la colline quelques vieux fragments de murs à plusieurs rangs d'arcades, qui vont se perdre dans des jardins et dans de misérables maisons juchées au-dessus de la rue.

Ces fragments ont exercé la patience des archéologues, qui y voient des débris d'aqueducs, des voûtes destinées à supporter primitivement le pavé d'une voie romaine, partant du bas de Choulans pour aboutir au Gourguillon vers la montée des Epies, ou de simples murailles de soutènement construites. soit à l'époque romaine, soit au commencement du moyenâge. Nommés les Arcs-d'Ainay, ces fragments sont mentionnés bien souvent dans les vieux titres.

Le pont d'Ainay, qui se trouve entre Saint-Georges et la Quarantaine, repose sur des piles en pierres; ses travées sont en charpente. Il fut construit en 1827, sur l'emplacement qu'avait occupé un pont de bateaux établi en 1744, et qu'une inondation emporta pendant que Lyon était assiégé par les armées de la Convention.

On a prétendu que des Jacobins, en relation avec l'ennemi du dehors, et dans le but de paralyser les efforts de la défense, avaient brisé les amarres reliant entre eux ces bateaux, qui furent en effet entraînés par le courant. Nous ne savons ce que cette allégation peut avoir de fondé....

La rue de la Quarantaine commence immédiatement après le pont. Les maisons de droite sont au pied de la colline ; celles de gauche donnent sur le nouveau quai ouvert depuis quelques années. On y voit de vastes ateliers de teinture et la caserne dite des troupes de passage. En face de la caserne, existe le portail d'une ancienne chapelle ; mais il est enterré à moitié de sa hauteur par suite de l'exhaussement du sol de la rue. Il est de style gothique et surmonté d'une archivolte à fleurons.

Ce portail et cette chapelle dépendaient de l'ancien hôpital de Saint-Laurent-des-Vignes, dit de la Quarantaine, construit à l'entrée de la ville, au point où aboutissaient les trois chemins de Choulans, de Sainte-Foy et des Etroits, en face de l'ancien confluent du Rhône et de la Saône. Il en reste encore quelques bâtiments et une vaste cour occupée par des tanneurs, des corroyeurs et des fabricants de mottes à brûler.

L'aspect de cet hôpital, avant la réfection du quai, était charmant avec son élégant clocheton et ses terrasses ornées de fleurs et de berceaux de verdure qui se miraient dans les eaux de la Saône. Il est reproduit dans une fort jolie lithographie, due au crayon d'Edouard Hostein, qui la composa en 1850.

L'hospice fut fondé au xv° siècle, à côté d'une petite chapelle, qui remontait à une époque très reculée. En 1474, Jacques Caille et sa femme Huguette acquirent cette chapelle du prieur de Saint-Irénée, et construisirent une maison pour y recueillir les malades victimes des pestes fréquentes à cette époque. Le chapitre de Saint-Jean et les diverses confréries de la ville contribuèrent par leurs largesses à l'établissement et à l'entretien de cette maison de charité. Le Saint-Siége accorda des indulgences à ceux qui viendraient à son aide.

Jacques Caille et son épouse en firent la remise aux consuls, en leur qualité d'administrateurs de l'aumônerie. Le Consulat commit François de Genas et plusieurs autres conseillers pour aller visiter cet hôpital et aviser si le lieu était propice à sa destination. Il s'entendit avec les officiers du roi pour faire sortir de la ville les malades de la grosse vérole, ladres et autres pauvres malades contagieux et les reléguer dans cet hospice.

En 1507, les confrères de la Trinité construisirent un second corps de bâtiment, et, en 1524, Thomas de Gadagne fit élever le troisième bâtiment.

Citons ici une anecdote sur ce personnage, vraie ou fausse, mais recueillie par un chroniqueur du temps.

Thomas de Gadagne, banquier florentin fixé depuis peu de temps à Lyon où il avait amassé une grosse fortune, ayant mené un de ses amis visiter cet hospice, et lui ayant demandé son avis, celui-ci lui dit: « Je le trouve trop petit, parce que si vous y mettez tous ceux que vous avez réduits à l'indigence, il n'y aura pas place pour la moitié... »

Après la cessation des pestes, la Quarantaine servit de refuge aux vagabonds et aux mendiants de la ville ; il resta Dépôt-de-mendicité jusqu'au moment où, avons-nous dit, il fut approprié à diverses industries. Les terrasses et le jardin ont disparu pour faire place au quai. Les trois corps de bâtiments sont transformés ou détruits en partie.

D'après notre historien, le P. Colonia, son nom ne dériverait pas de la quarantaine imposée aux malades et aux marchands soupçonnés d'être infectés de la contagion. Il viendrait de la permission qu'un légat du pape, le cardinal d'Amboise, alors à Lyon, en 1504, accorda aux citoyens de manger du beurre et du lait pendant le carême, à la charge de contribuer aux réparations de cet hôpital, qui servait à d'autres usages qu'aux pestiférés, et qui fut dès lors nommé la Quarantaine, à cause de cette dispense quadragésimale.

Voici le pont suspendu du Midi (ancien pont Napoléon), le pont-viaduc en fonte, fer et tôle du P. L. M. et l'entrée de l'immense tunnel de Saint-Irénée, dans lequel s'engouffrent les trains de voyageurs et de marchandises au milieu des tourbillons de fumée et du bruit strident des locomotives. De là, part la nouvelle montée de Choulans dont les nombreux lacets ont raison de la raideur des pentes de la colline, et facilitent les abords de Saint-Just et du village de Sainte-Foy. De là part aussi, en passant sous le viaduc, la belle route des Etroits qui longe la Saône jusqu'au pont de la Mulatière, en décrivant une courbe gracieuse au pied d'un coteau pittoresque, ombragé par des arbres magnifiques, rafraîchi par d'intarissables fontaines, animé par des villas de plaisance.... C'était jadis un simple sentier, dont le parcours a fourni à J.-J. Rousseau une de ses plus belles pages, que nous voudrions pouvoir reproduire ici....

⁎

Nous sommes parvenu au terme de la tâche que nous nous sommes imposée ; heureux si nous avons réussi à provoquer l'intérêt des lecteurs pour lesquels nous avons décrit ces anciens quartiers de : *Au-delà de l'Eau, de l'autre côté de l'Eau*, qui perdent chaque jour de leur aspect primitif, et qui bientôt ne seront plus qu'un vague souvenir.... Heureux aussi si nous avons pu contribuer à évoquer à leur mémoire quelques épisodes de l'histoire si intéressante à tant de points de vue de notre vieux et bien-aimé Lyon..

TABLE DES MATIÈRES

Chapitres		Pages
	Préface	5
I	— L'ancienne chapelle de Fourvière	23
II	— La nouvelle église de Fourvière.	32
III	— Les frères Caille et le passage Gay	36
IV	— La Sarra et Loyasse.............	41
V	— Trion et le cloître de Saint-Just..	46
VI	— Saint-Irénée et le Calvaire.......	52
VII	— La place des Minimes et le Gourguillon	56
VIII	— Le Chemin-Neuf et le Grand-Séminaire...................	61
IX	— Les Minimes et l'Antiquaille....	65
X	— Les Chazeaux et les Récollets...	70
XI	— Les Lazaristes et les Gondi......	78
XII	— Pilata et Ottavio Mey...........	83
XIII	— Les Carmes-Déchaussés.........	87
XIV	— Le château de Pierre-Scize......	94
XV	— Bourgneuf et la Chana..........	103
XVI	— L'Homme de la Roche..........	108
XVII	— L'église Saint-Paul.............	114
XVIII	— Le quartier de Saint-Paul.......	119

XIX	— Les rues Juiverie et Lainerie.....	125
XX	— La place du Change............	134
XXI	— Le pont de Nemours...........	139
XXII	— Les Bêches et les Marmet.......	149
XXIII	— Les mascarades au temps jadis...	155
XXIV	— Les roches de la Saône.........	159
XXV	— Sibylle Cadière................	164
XXVI	— La rue du Bœuf...............	170
XXVII	— La rue Saint-Jean.............	173
XXVIII	— Le Palais de Justice...........	178
XXIX	— L'extérieur de Saint-Jean.......	185
XXX	— L'intérieur de Saint-Jean.......	192
XXXI	— Saint-Jean sous la Révolution....	199
XXXII	— Manécanterie et chapitre de Saint-Jean...................	202
XXXIII	— La place Saint-Jean............	205
XXXIV	— L'Archevêché	208
XXXV	— Le cloître de Saint-Jean........	213
XXXVI	— Le pont Tilsitt................	216
XXXVII	— La rue Tramassac.............	219
XXXVIII	— Le quartier Saint-Georges.......	223
XXXIX	— Eglise et commanderie de Saint-Georges..................	229
XL	— La Quarantaine...............	233

FIN DE LA TABLE

OUVRAGES DU MÊME AUTEUR

NOTICE HISTORIQUE *sur la vie militaire du baron Raverat*, 1 vol. in-8º, deux gravures sur bois, imprimerie de B. Boursy. Lyon, 1855. — Prix : 5 francs. Edition épuisée.

A TRAVERS LE DAUPHINÉ, *Voyages pittoresques et artistiques*, 1 vol. in-8º, imprimerie de B. Boursy. Lyon, 1861. — Prix : 5 francs. Edition épuisée.

AUTOUR DE LYON, *Excursions historiques, pittoresques et artistiques dans le Lyonnais, le Beaujolais, le Forez, les Dombes et le Dauphiné*, 1 vol. in-8º, douze gravures à l'eau-forte, imprimerie de C. Jaillet. Lyon, 1865.— Prix : 10 francs. Edition épuisée.

LES VALLÉES DU BUGEY, *Excursions historiques, pittoresques et artistiques dans le Bugey, la Bresse, la Savoie et le pays de Gex*, 2 vol. in-8º, avec carte géographique, imprimerie du *Salut public*. — Bellon, Lyon, 1867. — Prix : 15 francs. Edition épuisée.

SAVOIE, *Promenades historiques, pittoresques et artistiques en Maurienne, Tarentaise, Savoie-Propre et Chautagne*, 1 vol. in-8°, imprimerie du *Salut public*. Bellon. Lyon, 1872. — Prix : 10 francs. Edition épuisée.

HAUTE-SAVOIE, *Promenades historiques, pittoresques et artistiques en Genevois, Sémine, Faucigny et Chablais*, 1 vol. in-8°, imprimerie du *Salut public*. Bellon, Lyon, 1872. — Prix : 10 francs. Edition épuisée.

DE LYON A MONTBRISON, *Guide historique, artistique et pittoresque*, 1 vol. in-18, avec une carte du chemin de fer de Lyon à Montbrison, imprimerie Vingtrinier. Lyon, 1876. — Prix : 2 francs.

DE LYON A BOURG ET A LA CLUSE-NANTUA, *Excursions pittoresques*, 1 brochure in-8°, imprimerie Vingtrinier. Lyon, 1877. — Prix : 1 fr. 5o. Edition épuisée.

LE DAUPHINÉ (DE LYON A GRENOBLE), *Guide artistique et pittoresque*, 1 vol. in-18, avec une carte du chemin de fer de Lyon à Grenoble et une vue photographiée de la Grande-Chartreuse. Méra, éditeur, imprimerie du *Courrier de Lyon*, Victor Cartay (ancienne imprimerie Vingtrinier). Lyon, 1877. — Prix : 2 fr. 5o.

LE BUGEY (DE LYON A GENÈVE), *Guide artistique et pittoresque,* 1 vol. in-18, avec une carte du chemin de fer de Lyon à Genève. Meton, éditeur, imprimerie du *Courrier de Lyon,* Victor Cartay, (ancienne imprimerie Vingtrinier). Lyon, 1878. — Prix : 2 fr. 50.

NOUVELLES EXCURSIONS EN DAUPHINÉ (VIENNE, VALENCE, LA VALLÉE DE LA BOURNE, LE COL DE L'ARC ET GRENOBLE), *Guide artistique et pittoresque,* 1 vol. in-18, avec une carte du chemin de fer de Lyon à Grenoble. Meton, éditeur, imprimerie générale du Rhône, P. Goyard. Lyon, 1879. — Prix : 2 fr. 50.

FOURVIÈRE, AINAY ET SAINT-SÉBASTIEN SOUS LA DOMINATION ROMAINE, *Recherches archéologiques sur l'emplacement où les premiers chrétiens lyonnais souffrirent le martyre,* avec plan topographique, 1 vol. in-8º, imprimerie Mougin-Rusand, Lyon, 1880. — Prix : 2 fr. 50. Edition épuisée.

NOMBREUSES PUBLICATIONS SUR DES QUESTIONS ÉTYMOLOGIQUES, ET UN GRAND NOMBRE D'ARTICLES SUR DES SUJETS DIVERS, DANS LES REVUES, JOURNAUX ET FEUILLES SCIENTIFIQUES.

FIN

EN VENTE A LA LIBRAIRIE METON

MARIE-LUCRÈCE ET LE GRAND COUVENT DE LA MONNAYE, par Nizier du Puits-Pelu, avec un plan en couleur, un volume in-8°.. 7 fr. 50

LES CLASSIQUES, édités par Delarue, en papier rose, chine et hollande, in-12, le volume. 5 fr.

BAC ET PATA (aventures du citoyen Patachon), pochade sur les jeux, 96 gravures.... 1 fr. 50

ACHAT AU MAXIMUM
DE
TOUS LES LIVRES ET GRAVURES
DES XVIIIe ET XIXe SIÈCLES

www.ingramcontent.com/pod-product-compliance
Lightning Source LLC
Chambersburg PA
CBHW071859160426
43198CB00011B/1159